6 3469.

AF230604

LETTRES

AU

SYSTÈME ÉLECTORAL

SUR LA RÉFORME,

PAR C. TILLIER,

ANCIEN MAITRE D'ÉCOLE,

RÉDACTEUR EN CHEF DE L'ASSOCIATION,

Journal de la Nièvre.

PRÉCÉDÉES D'UNE LETTRE DE TIMON A L'AUTEUR.

Prix : 75 cent.

A Nevers, chez J.-B. BOYAU, libraire, successeur
de Mlle Brun, rue des Orfèvres, N. 4.

NEVERS,

IMPRIMERIE DE J. PINET, PLACE St-SÉBASTIEN,

1841.

Lettre de C. Tillier à Timon.

⸻⸺◆⸻⸺

Clamecy, 25 mai 1841.

J'ose vous adresser ce petit pamphlet : il est né comme
naît un enfant du peuple, souffreteux et grelottant ; pour
berceau, il n'a eu qu'un peu de paille ; les grands journaux
n'ont point tinté à son entrée dans la vie ; les éditeurs de
renom ne sont point venus lui présenter des dragées et lui
offrir pour langes une couverture azurée, toute décorée de
vignettes ; la renommée l'a laissé tomber tout meurtri de
ses genoux. J'ai eu souvent la pensée de lui chercher,
pour l'aider à faire son chemin dans le monde, un illustre
parrain. Mais trouver ce parrain n'était pas un petit
embarras pour moi, qui, sauf M. Dupin que j'ai quelquefois entrevu, n'ai jamais connu de plus grand personnage

qu'un inspecteur d'écoles primaires. Enfin, après bien des hésitations, je me suis décidé à m'adresser à vous.

Je me suis dit sans façon : « Timon et moi nous sommes confrères........ confrères autant que le sont un soldat et un maréchal de France. Timon est, avec Paul-Louis Courrier, presque le seul écrivain que je connaisse ; ses petits livres composent toute ma bibliothèque, bibliothèque très-portative et dont j'ai toujours au moins la moitié dans ma poche. Il ne dédaignera pas, pour peu que j'en vaille la peine, de me venir en aide et de tracer de son doigt une petite, toute petite auréole autour de mon nom. Je suis déjà son débiteur pour tous les bons jeudis qu'il m'a fait passer, pour les excellents modèles qu'il m'a fournis, pour les éclairs d'inspiration qu'il a fait luire dans mon obscure cellule. Lui devoir un peu plus, lui devoir un peu moins, ce n'est pas une affaire. Il y en a tant d'autres qui lui doivent. Et, d'ailleurs, Dieu nous fait payer ici bas le loyer des avantages qu'il nous a départis. Comme ses avantages, la gloire a ses charges, et Timon a moins que tout autre le droit de s'y soustraire. Les écrivains d'autrefois dédiaient leurs ouvrages aux grands seigneurs et aux princes. Nos grands seigneurs à nous, hommes du peuple d'aujourd'hui, ce sont ces grands citoyens qui prennent nos libertés sous leur garde, et dont la plume est notre épée ; nos princes, ce sont ces hommes d'élite qui portent à leur front, au lieu d'une couronne d'or, une couronne de chêne et de laurier. »

J'ose donc, mettre mon petit pamphlet sous votre patronage. Je sais qu'il est bien indigne de vous être

offert ! Pauvre maître d'école, je l'ai composé mon martine
d'une main et ma plume de l'autre. Bien des document
dont j'aurais pu tirer profit m'ont manqué ; car, ici, nou
n'avons pas un magasin de statistique. Aussi, c'est moins
un traité *ex professo* que j'ai voulu faire sur le meilleu
système électoral à adopter, qu'une satire du déplorabl
système par lequel la France est divisée en quelques cen-
taines de maîtres et des millions d'esclaves ; qui fait d
la première des nations, un troupeau ras-tondu, leque
trouve à peine à brouter, deçà, delà, quelques tiges amères
Le maçon démolit d'abord, c'est à l'architecte ensuite à re-
construire. Mes arguments sont plutôt acérés que conton-
dans : ce sont des dards barbelés que j'enfonce sous la peau
de mes adversaires. Je suis, moi un soldat de troupes lé-
gères ; je ne sais pas faire tonner les gros canons de la logi-
que. Escarmoucher avec l'ennemi, c'est tout ce que je
veux et tout ce que je puis. Je vous dirais bien, que c'es
à vous, par une de ces belles charges que vous savez si bien faire et que vous faites avec tant de succès,
de rompre et d'enfoncer son corps de bataille. Mai
c'est une phrase qui serait trop louangeuse, pour un pam-
phlétaire, et qui aurait un goût trop prononcé de dédi-
cace.

Agréez l'assurance de l'admiration avec laquelle j'ai
l'honneur d'être,

Votre dévoué serviteur,

C. TILLIER.

Lettre de TIMON à C. TILLIER.

⸺⸺ ❦ ⸺⸺

Vichy, le 9 juin 1841.

Vous faites, n'en déplaise aux puissants du jour et aux académiciens, vous faites le plus noble des métiers, en fabriquant des pamphlets politiques et en donnant des le-çons de morale et de lecture; car vous enseignez, à la fois, les enfants et les hommes. Mais, je doute qu'à ce métier là, vous amassiez assez de fortune pour payer le cens de l'éligibilité et même le cens de l'électorat. Non, je n'en doute pas, je l'affirme.

Moi-même, si je ne payais pas, par la grâce de Dieu et de mon percepteur, cinq cents francs de contributions, je ne serais ni électeur, ni éligible, ni élu; je gagnerais ma pauvre vie à la sueur de mes pamphlets, vie orageuse et point du tout couronnée d'or, ni même de lauriers, comme vous le dites, mais d'angoisses et d'épines.

Ou bien, je serais maçon, cordonnier, terrassier, frotteur, maître d'école, que sais-je, et je chercherais, du matin au soir, à résoudre ce problème-ci : se loger, se chauffer, s'éclairer, s'habiller, et se nourrir, soi, sa femme et ses enfants, avec quarante sous par jour, et puis, avec le reste, c'est-à-dire avec zéro, gagner une ronde somme de trente mille livres à placer en biens de ville ou de campagne, au choix du gagnant.

Peut-être mon ami Arago qui est plus savant que moi et qui lit dans les astres, vous donnera-t-il la solution de ce problème. Moi, je ne le saurais, et n'allez pas le demander non plus à Châteaubriand, à Lamennais, à Carrel qui ont écrit cependant de bien beaux livres sur la politique et sur le gouvernement des états, mais qui ont été toute leur vie assez sots pour avoir plus d'esprit que d'écus.

La Charte a laissé inscrire sur son fronton par les badigeonneurs de 1830, les mots fastueux de civilisation et de progrès; mais ses pieds sont demeurés assis dans la boue de la féodalité. Les censitaires du guéret et de la boutique ont remplacé les seigneurs des castels. Tout le reste de la nation est paysan, corvéable et taillable à merci. Il n'y a eu que les noms de changé.

Revenons aux principes, il en est temps :

Le peuple français est-il ou n'est-il pas le souverain de la France? S'il ne l'est pas, qu'on veuille bien nous dire alors en vertu de quel droit le Roi trône, le Ministère gouverne, les Chambres légifèrent. S'il l'est, sa souveraineté repose par égales fractions, sur la tête de chaque Français. C'est parce que tous ne peuvent pas collectivement, ni chacun divisément gouverner, qu'il y a délégation forcée du gouvernement. Au contraire, c'est parce que chacun peut élire, qu'il doit élire et élire directement.

Si chacun ne pouvait ni participer au gouvernement par la délégation, ni faire cette délégation par l'élection, il ne serait pas membre du souverain, il ne serait pas Français.

S'il ne pouvait pas élire directement, il ne serait pas non plus membre égal du souverain.

S'il ne pouvait pas être éligible aussi bien qu'électeur, le mandataire qui ne provient que du mandat, aurait plus de droit que le mandant, et la délégation de la souveraineté que la souveraineté elle-même.

Enfin, si la faculté d'élire n'était pas un acte d'intelligence et de capacité personnelle, on ne l'accorderait pas seulement aux Français et aux citoyens, on l'accorderait aussi aux mineurs, aux étrangers, aux infâmes, on voterait par procuration, on quintuplerait, on déquplerait le vote dans la main des gros censitaires ; ainsi, la force des conséquences amène, malgré eux, nos adversaires eux-mêmes, à la vérité de notre principe.

Les corollaires rationnels de la souveraineté du peuple, sont l'universalité du suffrage, le vote direct, l'éligibilité de tous, la représentation par fractions de population et non de territoire.

Et, pour dernière conséquence, l'amélioration immense de la condition morale, intellectuelle et matérielle du peuple.

Tel est le droit, et vous l'avez défendu, Monsieur, avec autant de bon sens que de vigueur et de finesse. Ne dites donc pas que vous n'êtes qu'un maître d'école de village, et que vous n'avez pas de capacité foncière. La vraie capacité est celle de l'intelligence, la vraie science est celle du cœur.

Si le droit n'est pas encore arrivé à l'empire, les idées préparent ses voies, et, heureusement les idées ne dépendent pas, comme le cens électoral, du caprice d'un législateur. Grâces à la presse, un petit écrit, un pamphlet peut aujourd'hui faire plus de bien qu'une mauvaise loi ne saurait faire de mal. Un maître d'école peut en savoir quelquefois sur les choses de la vie, autant et plus qu'un grand maître de l'Université. Il semble que la providence, par compensation sans doute, ait voulu cacher dans les humbles conditions du peuple, les dons les plus précieux de la sagesse et de l'esprit, comme elle a jeté avec grâce au milieu des ronces du désert, les plus charmantes fleurs de la création.

Agréez, Monsieur, l'assurance de mes sentiments les plus dévoués.

TIMON.

LETTRES
AU SYSTÈME,

SUR

La Réforme électorale.

PREMIÈRE LETTRE.

A vous, Monseigneur du système électoral, haut et puissant seigneur, qui pour lettres de noblesse avez un bordereau, et pour écusson une enseigne; personnage éminent par vos portes et fenêtres, par votre patente, par votre cote mobilière et personnelle et par un très-grand nombre d'autres qualités qu'il serait trop long d'énumérer, moi, pauvre maître d'école qui ne paye que 13 fr. 50 de contributions, et qui en paye encore trop, j'ose adresser ces lignes. Peut-être, Monseigneur, trouverez-vous que je raisonne souvent de travers et que je n'ai pas un style d'étiquette comme vos harangues; mais je vous prie de prendre en considération que je ne suis qu'une capacité de 13 francs 50.

Et d'abord examinons vos titres.

Vous vous faites appeler le Pays; aux chambres, il n'est question que du Pays; le roi lui-même a quelquefois la politesse de vous donner ce titre. Vous le Pays! Défaites-vous, croyez-moi, de ce sobriquet ridicule. Vous n'êtes pas plus le Pays qu'un état-major n'est une armée, que le prince de Monaco n'est empereur d'Orient, que M. Dupin (Charles) n'est une encyclopédie. On a vu d'audacieux usurpateurs, en s'emparant des domaines d'une noble famille, s'emparer aussi de ses titres; vous pourriez bien être de ces gens-là, Monseigneur.

Vous avez des châteaux grands comme des villages, vous avez des usines qui flamboient, des magasins qui resplendissent, vous avez des montagnes de blé dans vos greniers, des lacs de vin dans vos caves, des troupeaux plein vos étables. Mais autour de tout cela, n'y a-t-il que le désert et la mort? Mon petit champ qui ne vote pas, n'est-il pas à la surface de la France aussi bien que votre grande propriété qui vote?

Vous voulez vous appeler le Pays? Mais cette dénomination n'est plus de notre âge. Elle sonne à mon oreille comme la cloche lointaine d'un beffroi. Elle me rappelle ce temps de servage et de misère où la terre conférait les titres, où l'on achetait l'écusson du maître en achetant sa propriété. Quand vous vous affublez de ce titre, vous me faites l'effet d'une petite maison de campagne qui se poserait fièrement sur le grand chemin, avec des créneaux peints et un pigeonnier au côté.

Au reste, peu importe comment vous vous appeliez, système. C'est sur l'âne et non sur le bât que je veux frapper.

Vous avez dit : plus de grâce de Dieu, plus d'huile sainte, plus de sacre sous les voûtes gothiques de Rheims, le peuple est souverain de par la révolution de juillet, et Louis-Philippe est roi de par le peuple ; mais comme le peuple est incapable d'exercer sa souveraineté, nous nous réservons, comme par le passé, le droit de l'exercer pour lui-même. Maintenant le peuple sera infiniment heureux, nous serons son maire du palais, nous tiendrons son sceptre et sa bourse, il n'aura plus qu'à payer et nous regarder faire.

O la bonne souveraineté que le peuple a donc conquise là! Réjouis-toi, peuple, danse des bourrées carrées, donne double ration de pain noir à tes enfants, illumine tes chaumières, te voilà souverain! Heim! que dis-tu, peuple? Tu demandes à quoi te servira la souveraineté, si tu ne peux en faire usage, si elle ressemble à ces pièces d'or qu'on donne quelquefois aux enfants, à condition qu'ils ne les dépenseront pas. Comment, peuple, tu ne comprends pas l'avantage d'une telle souveraineté! Je vois d'où cela vient; c'est que tu n'es pas encore assez éclairé.

Mais revenons à vous, Monseigneur. Vous dites que le peuple est incapable d'exercer des droits politiques. Je ne relèverai pas maintenant cette insulte! Mais quand on donne un tuteur à un fou ou à un enfant, on choisit du moins l'homme le plus capable de la famille. Est-ce vous, Monseigneur, qui êtes l'homme le plus capable de la grande famille ? Pour preuve de votre capacité, vous m'apportiez des baux de ferme, des actes d'acquisition. Je vois bien que vous êtes riche; mais capable, je ne le sais pas.

Qu'est-ce, en effet, que votre richesse? Il y a deux sortes de richesses, la richesse acquise et la richesse héritée. La richesse héritée ne représente rien du tout; la richesse acquise représente quelquefois la capacité, mais le plus souvent, et surtout par le temps qui court, elle ne représente que l'improbité impunie, l'improbité qui s'est arrêtée là précisément où elle a aperçu le fer ardent du bourreau. Cette richesse, nous la connaissons, nous la rencontrons partout; elle a de notre sang plein les veines, de notre embonpoint plein les joues. L'argent qu'elle a surpris à l'entrée de nos bourses, qu'elle le garde, qu'elle s'en achète si elle peut une meilleure conscience, nous le lui abandonnons puisque aussi bien . . . . Mais être dépouillé par elle de nos droits de citoyen; nous, n'être plus hommes, et elle, cette opulence déshonorée, la reconnaître pour souveraine! Non! Non! Jamais!

Certes, vous n'avez pas à vous plaindre, système, de notre résignation, et vous nous débitez gravement du haut de la tribune que les choses ne peuvent être autrement. En effet, j'ai entendu l'autre jour des vendeurs de moutons qui disaient que la gent moutonnière ne pourrait exister si les brebis n'étaient tondues, et les agneaux mis à la broche.

Nous avons trop appris à l'apprécier votre richesse, nous savons ce qu'il peut tenir de patriotisme dans un sac plein d'or. N'étaient-ils pas bien grands, sous leurs uniformes troués, ces pauvres généraux de la République; ils ne voulaient, eux, pour l'avenir, que la mort sur un champ de bataille, ou la liberté sous une chaumière!

Ils ne trahissaient pas, eux, lorsqu'ils étaient accusés, ils ne songeaient pas seulement qu'ils pouvaient passer à l'ennemi, ils préféraient la mort sur l'échafaud, et pour leurs cendres un peu de terre de la patrie à tous les honneurs de l'étranger. Mais Napoléon sur l'écueil où sa puissance fit naufrage, se repentait de deux choses : la première d'avoir fait ses lieutenants trop riches; la seconde d'avoir associé les sommités de l'ancien régime à sa fortune de soldat.

N'est-il pas vrai que si en 1814, Paris n'eût été habité que par de pauvres ouvriers, la France prête à resaisir la victoire , ne se fût point courbée sous le joug de l'étranger , et n'eût point subi l'ignominie d'une double restauration?

C'est d'ailleurs une singulière capacité que celle qui résulte des chiffres d'un impôt, qui monte et baisse aux ondulations d'un budget, qu'un bordereau nous enlève et qu'un autre bordereau nous rend! Singulière capacité que celle qu'on doit souvent à ses créanciers, qu'un huissier peut nous saisir , et dont un maître peut céder le surplus aux gens de sa ferme ! Comptons, système, combien on peut vous faire dire d'absurdités.

Cet homme est capable parce que sa vieille tante est morte , cet autre, parce que sa belle-mère lui a cédé son incapacité. Et ce monsieur, pourquoi est-il capable ? Parce qu'il a fait trois fois banqueroute. Et cet autre , pourquoi est-il incapable ? Parce que la capacité ci-dessus a fait banqueroute. Et remarquez-bien que je ne dis pas faillite comme le disent trop souvent les tribunaux ; je dis banqueroute, oui, banqueroute. C'est une capacité qui serait au bagne si elle n'était dans les colléges électoraux.

Et ce préfet qui administre son département avec sagesse, qui y fait prospérer l'industrie , vous parieriez bien , n'est-ce pas , qu'il est plus capable que ce scribe en bas bleus qui expédie dans un coin des bureaux ? Eh ! bien, vous perdriez ; le scribe possède de la terre et le préfet n'en possède pas ; le scribe est dans la salle des élections, et l'homme brodé est à la porte, réduit à intriguer comme un vendeur de contre-marques.

Voilà quelles sont vos capacités !

Si on voulait sincérement la capacité , il fallait la prendre où elle se trouvait. En France, les capacités brevetées surabondent; on y lèverait une armée de docteurs ; que ne s'adressait-on à ces capacités? On aurait été sûr au moins que le souverain savait lire et écrire.

Mais vous affubler d'une couronne de souverain , vous faire un sceptre d'une demi-aune, un trône d'un tas de gros sous ; en vérité, le seigneur de votre village, si pour son malheur il revenait à la vie, ne reconnaîtrait guères en vous le fils d'un de ses anciens vassaux. Cependant, cette égalité que nous réclamons, vous savez ce qu'elle a coûté de sang et de larmes à la France; vous êtes les fils de ceux qui sont morts pour elle, et vous nous la ravissez. Vous dites que vous voulez la liberté, vous l'écrivez sur vos drapeaux, et jusque sur le bouton de votre uniforme. Ne savez-vous pas que la liberté et l'égalité sont deux sœurs qu'on ne peut tenir long-temps séparées, qu'en tuant l'une on fait mourir l'autre ?

Vous nous dites sans cesse que le peuple a plus besoin de pain que de droits politiques. Je vous reconnais bien à ce langage. Vous êtes de l'école de monsieur Dupin le positif, ou plutôt monsieur Dupin est de votre école. Vous ne reconnaissez de bonheur que celui qui se touche, qui se perçoit ; dans un citoyen, vous ne voyez que des mains qui travaillent et un estomac qui digère. Selon vous, un peuple n'a plus rien à réclamer quand il fait régulièrement ses quatre repas. Ultra-philantrope, vous feriez mourir le peuple d'une gastrite, si le gouvernement, convaincu qu'il est que le pain n'est pas plus nécessaire au peuple que les droits politiques, n'y mettait bon ordre. Mais le peuple a une ame aussi bien qu'un corps, une ame dont les misères sont intérieures, et un corps dont les joies sont apparentes ; quand les plus nobles passions de cette ame sont froissées, quand le dédain et l'humiliation y font tous les jours leur plaie, qu'importe que le corps s'épanouisse et soit en bonne chair ? N'est-ce pas que Caton, après la prise d'Utique, et Brutus, après la bataille de Philippes, eussent pu être dans Rome asservie des esclaves encore fort aisés, qu'ils auraient pu avoir encore des robes de pourpre, de l'or et de l'argent ciselé, des lits moelleux et un grand nombre de sous-esclaves ? Mais la liberté était perdue ; ces deux grands citoyens n'ont pu trainer jusqu'aux limites naturelles de la vie, le fardeau de leur servitude. Vous voyez donc bien que l'esclavage, même avec la richesse, a encore ses misères.

Si vous ne voulez que la satisfaction des intérêts matériels, un pouvoir absolu, mais fort, est plus fécond en prospérités matérielles qu'une liberté toujours agitée. Vous savez ce qu'a coûté au commerce l'enfantement du dernier ministère. Allons donc prier la royauté citoyenne qu'elle se fasse autocratie.

Le pain est bon sans doute, surtout quand il est blanc, mais les droits politiques aussi valent quelque chose. Les droits politiques donnent du pain au peuple, qui, après les avoir conquis, a su les conserver. Si le peuple était souverain, il ne se laisserait point couper sa tartine comme un enfant. La réforme politique amènerait la réforme de bien des abus.

Vous nous dites encore : de quoi vous plaignez-vous ? N'a-t-on-pas fait droit à vos réclamations ? Vous n'aviez avant la révolution de juillet que 120,000 électeurs, et maintenant vous en avez 200,000. Le privilège est si étendu qu'il est à la portée de tout le monde.

Votre argument me rappelle la requête de certains prisonniers qui se plaignaient que leur lit de camp en chêne était trop dur ; on leur en fit faire un en bois blanc.

Quoi ! 200,000 électeurs et 32 millions de prolétaires, voilà ce que dans cet âge constitutionnel on appelle une nation libre ! Deux cent mille électeurs, c'est sous cette pelletée de terre que gît la souveraineté du peuple ! Mais qui leur a donc octroyé à ces deux cent mille électeurs le droit de nous représenter ? L'article de la charte ainsi conçu ?........ Est-ce que notre souveraineté lui appartenait à l'article de la charte ?

Le privilége est à la portée de tout le monde ! Heureux pays ! Sublime gouvernement constitutionnel ! Voilà un vigneron, prenez, un manœuvre si vous voulez, qui gagne 1 fr. en hiver, et 1 fr. 50 en été ; encore ne travaille-t-il point quand il pleut, ni quand il gèle. Cet homme a une femme, deux ou trois enfants, et peut-être de vieux parents à nourrir. Cependant, avec de l'ordre et de l'économie, il peut amasser deux ou trois mille francs de revenu et devenir aussi électeur ; notre législation ne s'y oppose pas !

Mais vous qui incessamment parlez d'ordre, ne voyez-vous pas que le privilège, c'est le désordre légalement constitué, que c'est une infirmité du corps social. Si vous voyiez un homme qui eût une tête grosse comme le poing sur un corps de géant, vous diriez voilà un monstre ; d'une nation faite comme ce monstre, pourquoi n'en dites vous pas autant ?

Eh ! que s'est-il donc passé depuis 93 ? Le peuple, est-ce un océan qui ne franchit son rivage que pour déplacer un grain de sable sur la côte ? Dire qu'il a eu deux révolutions à sa disposition, et qu'il n'en a pas mieux profité ! Nos pères, malgré la splendeur de ses grands noms, malgré le prestige de son luxe et de ses magnificences, n'ont pu supporter la domination de la noblesse, et nous, après un demi-siècle de civilisation, nous en sommes encore à subir celle de leurs régisseurs et de leurs fermiers ! Oh ! si c'est là une éternelle nécessité de notre vie sociale , allons exiler notre ilotisme au milieu des forêts du Nouveau-Monde. Là , nous mourrons de faim, peut-être; mais , là du moins nous aurons l'égalité de la misère. Et nous ne verrons pas une prospérité insolente rire à la face de notre détresse ; là nous n'aurons à subir d'autres lois que celle du maître suprême qui fait également pleuvoir sur tous , et sur tous également luire son soleil , et si la souffrance nous arrache un cri de blasphème , si nous jetons nos larmes contre le ciel, il ne nous punira pas, lui, car il sait que tout être qui souffre a le droit de se plaindre.

CLAUDE TILLIER ,

DEUXIÈME LETTRE.

C'est vrai, Monseigneur, nous sommes débarrassés de la noblesse privilégiée. Mais qu'y avons-nous gagné ? Je n'aurais pas eu trop d'antipathie, moi, pour ces grands seigneurs si brillants, si gais, si spirituels, si galants, si magnifiques, si braves sur les champs de bataille comme sur le pré, que Dieu semblait avoir envoyés ici-bas en partie de plaisir. Ceux-là du moins nous opprimaient avec élégance. J'ai connu un enfant, (ceci est historique), qui se mettait au-dessus de ses camarades, parce que lui, son père le corrigeait avec une belle cravache, tandis qu'eux étaient fustigés avec une simple et vile houssine. Je suis assez de l'avis de ce petit sot; et vous-même, si vous aviez un fardeau à porter, n'aimeriez-vous pas autant, poids pour poids, que ce fût des fleurs que de la boue ?

Vous vous êtes substitués, vous, à la vieille noblesse. Vous avez laissé ce qu'elle avait de vaine gloire et vous avez pris ce qu'elle avait d'avantages réels. Vous avez jeté l'habit, mais vous avez eu bien soin d'enlever ce qu'il y avait dans les poches. Vous ne vous ruinez pas, vous, en fêtes magnifiques, en meutes, en équipages, en grands laquais galonnés. Vos pères étaient d'imperceptibles bourgeois de province, des molécules de rentiers, et vous, vous laissez à vos fils des héritages de grand seigneur. Vous ne faites point bâtonner les huissiers par votre valetaille, vous payez exactement et par douzième, votre part du budget, mais le budget est pour vous un pique-nique où vous apportez une alouette et où vous dévorez un dindon. Les mouches de l'émigration étaient rassasiées de notre sang, mais vous, moucherons de juillet, vous êtes venus fondre sur nous, plus âpres, plus dévorants, en nuages plus épais que la sixième plaie de l'Egypte.

Selon vous, nous sommes des brutes qui n'avons que l'instinct de l'obéissance, d'imbécilles moutons qui viennent se prosterner d'eux-mêmes sous les vastes cisailles du budget, et n'osent bêler quand on les égorge; de stupides bœufs qui se laissent mener par un enfant de leur vaste prairie à l'abattoir. Ah! vous ne sauriez trop nous mépriser

Monseigneur, nous sommes des brutes, en effet, nous qui… Cependant nous comprenons bien que le privilège dont vous jouissez tourne à notre détriment. Et si nous avions de la capacité, qu'en ferions-nous ? Combien d'entre nous qui avaient de la capacité, et qui sont morts d'une longue suite de misères dans vos hospices ! Combien d'entre nous qui ont de la capacité et qui subissent les tortures de la faim dans vos greniers ! J'ai connu, moi, de jeunes hommes qui avaient de la capacité, et qui enviaient aux animaux de vos ménageries la nourriture et l'abri que vous leur donnez. Cette capacité, elle serait pour nous un malheur de plus ; notre sort serait celui de l'oiseau cloué par les ailes à une porte cochère, et qui expire en regardant le vaste ciel.

Cette capacité, la dirigerions-nous vers les emplois publics ? Mais les emplois publics, vous les accaparez tous, vous les retenez d'avance. Sitôt qu'il y en a un de vacant, cinquante d'entre vous font la révérence autour. Encore n'attendez-vous pas qu'ils soient vacants ; vous les prenez aux mains des moribonds, comme un brutal fossoyeur arrache un anneau d'un doigt crispé par la mort. Vous les donnez en dot à vos filles, en héritage à vos fils, en payement à vos créanciers. Quand vous vous faites vieux, et que le cachet tremble en vos mains, vous les vendez comme un fonds d'épicerie. Si vous les trouvez trop minces pour votre mérite, vous les vendez, comme un homme qui engraisse vend son habit trop étroit, et vous en sollicitez de meilleurs. Je connais tel d'entre vous, qui en a monopolisé jusqu'à cinq, vraie capacité mythologique auprès de laquelle le triple Mercure et la triple Hécate des païens ne sont que des fainéants, capacité à cinq langues, dirigeant ici, inspectant là, conseillant ailleurs, et, partout où elle passe faisant des pétarades de chiffres.

Ce qui m'étonne, c'est que des capacités si occupées n'amassent ni fièvre cérébrale, ni fluxion de poitrine, et qu'elles trouvent encore le temps de visiter leurs terres, et de fabriquer d'énormes discours, dont les phrases massives, tombant l'une après l'autre, comme les marteaux d'un foulon, vous démontreront, si vous ne vous endormez dès le commencement, que, sauf le discours lui-même, tout est pour le mieux sous le meilleur des gouvernements possibles.

Ce qui m'étonne encore, c'est que l'heureux propriétaire de cinq capacités ne comprenne point que s'il mange comme cinq au banquet commun, et encore comme cinq qui mangent bien, il se trouve quatre convives qui le regardent faire. Vous tous, monopoliseurs d'emplois, accapareurs de sinécures, mangeurs d'appointements à triple gueule, vous appelez mendiant l'homme qui va quêtant son pain de porte en porte, et vous le faites arrêter par vos sbires. Mais vous, qui étalant comme un ulcère à la porte des ministres votre *dévouement sans bornes* et *votre fidélité à toute épreuve*, demandez encore un petit emploi, comment voulez-vous qu'on vous nomme, et par qui vous fera-t-on arrêter ? Entre vous, mendiants qu'on salue, mendiants qu'on élit, mendiants qu'on décore, et les mendiants qu'on arrête, quelle différence y a-t-il, si ce n'est celle des besaces ?

Ne savez-vous pas, vous qui faites des statistiques, qu'en France la population surabonde, et que les ressources sont exiguës ; qu'un billet de banque de mille francs y représente au moins deux familles ; que la misère est montée jusqu'aux professions libérales, misère déguisée par le luxe, mais qui enfonce sa griffe sous les tissus fins et les étoffes de prix ; que la France enfin, sauf le respect que je lui dois, est une lice qui a moins de tétines que de nourrissons ? Si vous ne voulez pas savoir cela, vous, les électeurs le savent, le voient, et doivent y mettre ordre. Dans un gouvernement constitutionnel, les électeurs sont une puissance absolue ; quand ils élèvent la voix, il faut qu'on les écoute. Ils sont responsables non-seulement du mal qu'ils laissent faire, mais encore du bien qu'ils n'ordonnent pas.

Pour moi, si j'étais les électeurs de France, j'exigerais que le gouvernement assurât le plus grand nombre d'existences possible. Je ne me contenterais pas de lui faire abaisser les gros traitements, je lui imposerais la loi de ne point accorder de fonctions rétribuées à des hommes déjà pourvus de fortune, et je ne mettrais d'exception que pour ces grandes spécialités qui apparaissent de loin en loin et ne peuvent se remplacer. J'exigerais qu'il chassât de ses antichambres tous ces riches insatiables qui viennent effrontément solliciter le pain du pauvre, et ne donnent pas un sou de travail pour cent francs d'appointements qu'ils reçoivent. Je ne me plains pas, moi, comme le font tant d'autres, que les impôts soient trop élevés, je me plains seulement qu'on les emploie mal. Avec un milliard de budget bien employé, que de prospérité on répandrait à la surface de la France !

Si j'étais les électeurs de France, j'interdirais encore aux députés toute espèce de sollicitation auprès des ministres. Je ne voudrais point qu'ils descendissent des hauteurs où je les aurais placés, au rôle de courtiers d'emplois. S'ils ne savaient pas se respecter eux-mêmes, il faudrait qu'ils respectassent au moins la nation qu'ils représentent. Dès qu'un citoyen est élu député, son honneur et sa réputation ne lui appartiennent plus, ils appartiennent à la France. C'est une espèce de cautionnement qu'il a remis entre ses mains, et auquel il ne lui est plus permis de toucher.

Vous croyez, vous, homme de bonne foi, que ce sont les opinions de la nation qui sont représentées, et ce ne sont le plus souvent que les espérances ambitieuses de quelque raccoleur d'élections qui a bâti sur le scrutin l'édifice de sa fortune. Non, ce n'est pas la réputation d'homme obligeant qu'il faut à un député, c'est la réputation d'homme intègre. Un acte d'obligeance, c'est presque toujours un acte d'injustice ; quelquefois c'est un acte de trahison. Oui, un acte de trahison. Ne vous récriez pas tant ; je pourrais fournir au moins une preuve de ce que j'avance.

Vous avez beau dire, Monseigneur, que je suis un puritain ridicule. Je trouve mal et très-mal que le député soit l'obligé du ministre. Il s'expose à manquer de fidélité à son mandat ou de reconnaissance, et la plupart des députés ont l'ame trop bien placée pour manquer de reconnaissance. Que nous importe à nous, que nos députés dinent chez le ministre ? Nous n'avons besoin de députés si replets. Devraient-ils se laisser dire, nos députés, que les emplois appartiennent au talent et à la vertu, et non à la cupidité recommandée ? Le talent et la vertu ne s'abaissent pas à solliciter ; ce sont deux belles femmes qui cèdent quelquefois, mais ne s'offrent jamais. Elles croient valoir la peine qu'on les recherche. Eh ! quel dévoûment peut-on attendre d'un fonctionnaire qui a eu recours à d'indignes moyens pour se procurer un emploi ? Qui voudra mériter de l'avancement par de longs et pénibles services, quand il pourra en obtenir par de basses intrigues ?

Je voudrais encore, si j'étais les électenrs, qu'un député qui a forfait à son mandat pût en être dépouillé, et que la chambre, sur une réclamation motivée et signée par le plus grand nombre des membres du collége électoral, examinât s'il y a lieu à une réélection. Pourquoi cela ne se ferait-il pas ? Ce principe de réélection est déjà écrit dans la loi. Un transfuge, par exemple, a-t-il plus de droits à l'inamovibilité que le fonctionnaire qu'on rétribue ? Le député qui a changé de principes, n'est plus celui qui a été élu. C'est bien encore la même effigie, mais ce n'est plus le même cœur, ni la même voix. Il a beau dire qu'il est de bonne foi, qu'il a changé de principes, parce qu'il a changé de conviction. Le collége électoral, lui, n'a point changé de conviction ; et ce sont ses opinions et non celles des députés qui doivent être proclamées. S'il en était autrement, le gouvernement représentatif ne serait qu'un vain mot ; la constitution, au lieu d'être l'expression de la volonté générale, ne serait que l'expression de la volonté de 459 individus. Nous aurions pour maîtres 459 petits despotes ; seulement ces despotes seraient élus.

Voilà donc ce que je voudrais, si j'étais les électeurs. Mais comment attendre de vous, Monseigneur, la réforme des abus que je viens de signaler ? Vous êtes trop positif, trop intérêt matériel, vous connaissez trop bien la valeur d'une perception ou d'une justice de paix, pour vous permettre une telle débauche de générosité. Peu vous importe que les députés s'emparent, pour eux ou pour leur famille, des gros emplois, pourvu qu'ils vous abandonnent les petits. Les valets applaudissent toujours aux orgies des maîtres, quand ceux-ci laissent du vin dans les bouteilles.

Encore, si les emplois étaient votre seule liste civile, petit roi ; mais il n'est point parmi vous de nullité si complète, que la protection ne parvienne à en soulever la lourde masse. Dans toutes les carrières, vous nous faites obstacle. Vous êtes déjà à la fin que nous sommes à peine au milieu. Vous n'avez point de commencement. Vous êtes des fleuves qui portent bateau dès leur source. Insatiables comme la prodigalité, vous êtes soigneux de conserver comme l'avarice. Vous mangez sans faire de miettes ; d'une main vous recevez et de l'autre...... vous encaissez. Vous êtes sur le sol de la France des trous qui absorbent tout, qui ne s'emplissent jamais et ne laissent rien échapper. L'argent de l'impôt, au lieu de revenir au peuple en travail, et en commerce, comme l'eau de l'océan revient en pluie à la terre, se condense entre vos mains en domaines ajoutés sans cesse l'un au bout de l'autre. Encore quelques générations, et l'humble arpent de patrimoine que vous avez reçu de vos modestes ancêtres, sera devenu une vaste terre qui dans son enceinte enveloppera des communes.

Vous dites que vous représentez nos intérêts. Mais nos intérêts ne sont pas les vôtres. Vous possédez et nous n'avons rien. Vous produisez et nous consommons. Vous voulez vendre cher et nous voulons acheter bon marché. A vous il vous faut la douane qui interdit, et à nous, l'importation qui amène. Votre impôt, c'est l'impôt foncier, le nôtre, c'est la contribution indirecte. Les lucarnes de nos chaumières payent autant de contributions foncières que les fenêtres de vos belles maisons, et vos vins fins ne payent pas plus de contributions indirectes que notre piquette. Vous voulez le maintien des abus, et nous, nous demandons la réforme. Vous êtes stationnaires parce que l'état de choses actuel vous profite, nous sommes progressifs parce qu'il nous nuit. Des voyageurs font route ensemble; les uns grelottent de froid dans la cour de l'auberge, en attendant le cocher; les autres boivent avec le cocher dans une salle bien chaude à la santé de ceux qui attendent. Telle est votre position et la nôtre.

Que nous importent à nous vos discours de tribune, vos majorités qui se font et se défont? Aux bonnes nous ne gagnons rien, aux mauvaises nous perdons toujours quelque chose. Je vois bien à la chambre le parti des légitimistes et le parti de l'opposition bourgeoise. Mais le parti du peuple, où est-il? Ou, s'il y est, de combien d'hommes est-il composé?

Prenez l'homme le plus désintéressé de la chambre, M. Dupin par exemple, accepterait-il de son homme d'affaires un mémoire d'ouvrage, motivé comme il suit?

Art. 1er. Payé au sieur *** vitrier, plâtrier et peintre en bâtiments pour solde de son travail durant le mois de janvier.

Du 1er au 31 janvier, 31 journées comme vitrier, ci. . . . . »

Du 1er au 31 janvier, 31 journées comme plâtrier, ci. . . . . »

Du 1er au 31 janvier, 31 journées comme peintre en bâtiments, ci. . . . . »

Total des journées du sieur *** pendant le mois de janvier, 93 jours à ». . . . . »

Art 2e. Payé au sieur *** absent pendant le mois de janvier, pour son travail du mois de janvier, la somme de ci. . . . » »

Art. 3e. Payé au sieur *** appointé par an à........... mettons 6000 fr. pour 3 journées de travail pendant l'année, la somme de   6000

Art. 4. Payé à divers qui ont amassé en travaillant pour M... .... bon nombre de kilogrammes d'embonpoint, pour leurs pensions de retraite, la somme de , ci. . . . . » »

Le mémoire des dépenses de l'état que vous appelez budget ressemble presque d'un bout à l'autre à celui-ci, et cependant vous l'admettez. Non, nos intérêts ne sont point représentés ; la France que nous aimons comme une mère, ne nous aime pas comme ses enfants. Nous lui donnons notre argent pour qu'elle se fasse administrer avec sagesse et intelligence; nous lui donnons notre travail pour qu'elle se pare de monuments, et soit la plus belle des nations de la terre ; nous lui donnons nos fils pour lui conquérir des provinces et lui mettre au front encore quelques rayons de gloire; et nous, tout ce qu'elle nous donne, c'est une place à son soleil, de l'eau à ses fleuves, tant que nous en voulons boire, et entre vos tombes de pierre un peu de gazon pour nous couvrir.

Mais pardon, Monseigneur, je ne voulais que causer avec vous, et voilà que je déclame, que je me fais tribune, enfin que je vous ennuie. Pour m'infliger la loi du talion, je me condamne à aller vous entendre à votre première séance législative.

Claude TILLIER.

TROISIÈME LETTRE.

Vous êtes, système, essentiellement attaché à l'ordre public. Vous l'aimez avec passion. Sitôt que le rappel bat dans les rues, vous courez à votre bonnet d'ourson ; quand la presse élève trop la voix, vous endossez votre casaque de juge et vous la faites mettre en prison. Mais l'ordre public, qu'est-ce donc ? Pour vous, ce sont les boutiques ouvertes et les rues sans barricades. Pour d'autres, c'est l'oppression régularisée par la loi, et paisiblement exercée en son nom, le droit du plus fort respecté par le plus faible, l'immobilité de l'esclave en présence du maître. Quand Encelade, haletant sous le poids de l'Etna, cherche à soulever la masse qui l'écrase, il y a désordre et terreur chez les Mirmidons de la Sicile. Cependant, système, vous avez raison d'aimer l'ordre public, quel qu'il soit ; l'anarchie est une si hideuse chose ! Mais si, lorsque le dernier complot n'est qu'à moitié jugé, il en éclate deux ou trois autres ; si, sous notre société qui s'étale, il se forme une société souterraine qui n'attend qu'un sommeil de la police pour nous saisir à la gorge, à qui faut-il nous en prendre ? Ne vous apercevez-vous pas que vous êtes la cause première de tous ces complots ? Dans une nation où la majorité, non pas des électeurs privilégiés, mais des citoyens, est légalement constatée, les complots sont impossibles. Chaque parti connaît avec exactitude l'étendue de son drapeau. Il sait que s'il remue, il aura la moitié au moins de la nation pour adversaire, et sa faiblesse lui tient lieu de modération. Chez une nation au contraire où le droit d'élection appartient au plus petit nombre, tous les partis croient avoir derrière eux une majorité occulte qui courra aux armes aussitôt qu'ils auront déployé leur morceau de bannière. Ils se disent l'avant-garde d'une suite qui vient. Ils s'imaginent qu'en frappant la terre de la crosse de leurs fusils, elle enfantera pour eux des bataillons. C'est cette folle illusion qui pousse en armes sur la place publique une foule de jeunes hommes égarés par l'ardeur de leurs espérances, qui viennent se faire tuer derrière les barricades, par les balles de vos soldats ou se faire arrêter par les gens de votre police. Système, votre urne est dorée, mais au fond il y a du sang. »

Quand Charles X lança ses ordonnances, il crut n'avoir à mettre à la raison qu'un petit nombre d'électeurs tapageurs et bavards. Ne voyant rien, n'entendant rien du peuple, les prêtres et les gentils-hommes qui l'obsédaient n'eurent pas de peine à lui faire croire que la France était lasse autant que lui d'une opposition qui criait sans cesse, comme un enfant maussade et mal élevé, et qu'elle préférait sa dynastie à la liberté. Si une majorité vraiment nationale se fût déclarée contre Charles X dans les colléges électoraux, il n'eût point osé compromettre sa couronne dans une lutte inégale avec le peuple, il eût renvoyé ses ministres et gardé son trône. Ainsi Louis XVIII ne tarda pas d'expier, dans sa dynastie, les restrictions qu'il avait apportées à la représentation nationale.

« Pour moi, si j'étais roi constitutionnel, je me croirais plus solide au haut d'une cheminée ou sur la cime vacillante d'un mât, que sur mon trône. Je me dirais sans cesse : « Je suis aussi honnête qu'au-
» cun de mes confrères, mes intentions sont droites et pures, je veux
» le bonheur de mon peuple aussi ardemment que celui de ma propre
» famille, mais je ne sais de quelle façon il veut être heureux, et cela
» je ne le saurai jamais, car en ce qui concerne les affaires publiques,
» tout le peuple a la langue coupée. En cherchant à lui complaire, je
» cours risque de le soulever. Cette ordonnance qu'ils me donnent
» à signer, qui doit, selon eux, combler la nation de reconnaissance
» et de joie, elle peut être l'arrêt de ma déchéance. Ils sont là la cham-
» bre quatre cents et quelques, qui prétendent parler au nom du
» peuple, mais leurs discours, au lieu de m'éclairer, augmentent mon
» incertitude. Leurs paroles se détruisent l'une l'autre. Quand l'un a
» dit blanc, il en vient un autre qui répond noir. Il en est de même
» de la presse, qui, elle aussi, se dit la voix du peuple. Je marche au
» milieu des ténèbres, sans lanterne et sans bâton, sur un chemin
» entrecoupé d'abîmes. Je ne suis que roi et le peuple est souverain.
» J'entends tous les jours à ma table mes parasites nier la souverai-
» neté du peuple, mais je sais que le peuple est souverain par cela
» seul qu'il existe. Son diadème est plus sacré que le mien, c'est la
» dignité d'homme qui rayonne autour de son front. Son bras nu est

» plus fort que mon sceptre. Le peuple ne reçoit point d'attributions,
» c'est de lui que toute attribution procède. Les insignes de mes fonc-
» tionnaires ne sont que des paillettes d'or et d'argent éparses sur sa
» vaste pourpre. Où son pouvoir est absent, il n'y a qu'arbitraire, ré-
» volution certaine et courte durée. Tout pouvoir qui a pris la place
» du sien est un esclave qui gouverne la maison de son maître en son
» absence. Jusqu'à présent, ce peuple s'est docilement soumis à mon
» autorité, mais le peuple, je le connais. Souvent c'est un insecte
» qui se laisse fouler aux pieds dans la poussière, sans jeter un bruis-
» sement; quelquefois le ver imperceptible se change en un énorme
» dragon qui roule autour du trône ses anneaux monstrueux. Un jour
» ou l'autre, il peut venir me redemander cette couronne qui lui ap-
» partient et qui m'a été donnée en son nom. Il sait le chemin de ce
» palais et à travers les arbres de mon jardin j'aperçois la place où un
» de mes prédécesseurs a échangé sa couronne terrestre contre une
» couronne de martyr. Martyr ! ce nom est beau, mais il ne peut per-
» cer les six pieds de terre qui couvrent ceux qui ne sont plus. Je suis
» avec ces gens-là comme le dompteur de bêtes féroces avec ses lions.
» Tant qu'ils le craindront, il sera leur maître; s'ils échappent à la fas-
» cination de son regard, il deviendra leur proie. J'ai bien sur les
» marches de mon trône quelques milliers de privilégiés. Ces gens-là
» sont magnifiques dans leurs adresses, ils ont à votre service du sang
» plein les veines, ils sont toujours prêts à mourir pour vous et pour
» la patrie, pour la patrie et pour vous, c'est le refrain de toutes leurs
» harangues. Mais ces gens-là, je les connais. Ils n'ont des mains que
» pour recevoir, un cœur que pour s'aimer, et ils ne meurent jamais
» que de maladies. Tous les maîtres et tous les régimes leur sont bons,
» pourvu qu'ils laissent intacte leur position sociale. Matous patelins,
» c'est à la maison où leur écuelle est toujours pleine qu'ils sont atta-
» chés, et non à la famille. Que ce matin le diable monte sur l'autel,
» ce soir ils viendront en procession baiser son ergot et lui dire que
» Dieu est un impie. J'ai encore de grands fonctionnaires qui me pro-
» testent de leur dévouement. Leur dévouement, je puis y compter
» tant qu'il n'y aura que des appointements à recevoir. Mais au jour
» de la lutte, ils passeront avec brevets et bagage du côté du plus fort,
» ou s'en iront dans leurs terres, pour reparaître un mois après

» Vienne une émeute, j'aimerais mieux pour défense, le briquet
» rouillé d'un invalide que le boutoir du terrible M. Dupin. »

Voilà ce que je me dirais si j'étais roi constitutionnel. Mais un roi constitutionnel ne pense guères à tout cela. Par un bienfait de la Providence
il n'a pas la conscience du danger qu'il court. Il est sur son trône
comme le couvreur sur son échelle. Il règne comme s'il était assuré
contre les révolutions. Pour mieux représenter sa poignée d'électeurs,
il se laisse payer par le peuple une liste civile qui entretiendrait quatre ou cinq mille petits ménages ; il a des huissiers pour saisir au peuple ses haillons, des gendarmes pour lui mettre les fers aux mains,
des commis d'octroi pour prélever la dîme sur ses modestes provisions,
des gardes champêtres pour lui arracher au cœur de l'hiver le fagot
de branches sèches qu'il ramasse sous les arbres, des procureurs du roi
pour requérir contre lui quand, n'ayant plus de pain et ne voulant pas
voler, il en mendie, des généraux pour conduire ses enfants, dont il n'a
pu racheter le sang, au vaste abattoir des champs de bataille. Un roi
constitutionnel ne soupçonne point que le peuple puisse trouver cela
mauvais, tant, à lui roi, cela paraît juste et naturel. Il met avec confiance sa tête dans la gueule de son lion affamé, et quand le lion grogne
il le fustige. Il est vrai aussi qu'un roi constitutionnel, comme ces
nobles bambins qui avaient auprès d'eux de pauvres enfants pour recevoir le fouet à leur place, a des ministres responsables.

Vous croyez avoir une garantie contre les révolutions dans l'équili-
bre de vos trois pouvoirs, mais vos trois pouvoirs sont trois forces op-
posées qui se détruisent. Pour qu'ils ne soient pas un principe d'a-
narchie, il faut qu'il y ait au-dessus d'eux, comme le Destin dans la
mythologie des anciens, un pouvoir absolu qui leur impose ses lois.
Ainsi, si un conflit s'élevait entre la chambre et la royauté, à propos
par exemple du renvoi ou de la conservation d'un ministère, car c'est
toujours là ce qui divise les trois pouvoirs, qui rétablirait l'union dans
votre auguste trinité ? Chambres et roi constitutionnel pourraient
être dix ans à se dire : tu les renverras, je ne les renverrai pas, sans
que la question fût plus avancée au dernier jour qu'au premier. La
chambre élective, dites-vous, si le roi ne voulait pas soumettre sa volonté à la sienne, refuserait le budget. Mais le roi consentirait-il à
n'être qu'un roi d'enseigne, un polichinelle doré dont la chambre

tiendrait les ficelles ? Dites-moi, système, ne se trouverait-il pas des gens qui lui conseilleraient d'en référer à son armée ? Et que diriez-vous si ses grenadiers, comme autrefois ceux de Bonaparte, venaient arracher vos députés de leurs chaises curules, comme dit M. Dupin, en parlant de sa banquette ?.. Je crois qu'ils ne le feraient pas, dites-vous, pourtant ils ont bien chargé le peuple qui leur est plus proche parent que vous, Monseigneur.

D'un autre côté, le peuple obéit à vos lois qu'il n'a point faites, il obéit parce qu'il sait qu'un mauvais état de choses vaut encore mieux qu'une bonne révolution, et que les améliorations doivent être obtenues par la raison et non arrachées par la violence. Cependant, si vos lois déjà rigoureuses devenaient tyranniques, si vos impôts déjà lourds devenaient insupportables, comment le peuple ferait-il pour obtenir justice ? Il adresserait des pétitions à la chambre des députés, n'est-ce pas ? Mais les beaux esprits de la chambre riraient de ses incongruités de style, le facétieux M. Dupin ferait des bons mots sur ses fautes d'orthographe. On trouverait comme les Romains trouvaient quelquefois de leurs gladiateurs, qu'il ne souffre point avec grâce, et on passerait à l'ordre du jour. Alors, pour échapper à la tyrannie, faudra-t-il qu'il se réfugie dans l'insurrection ? Vous le voyez, la révolution est aux deux issues de votre système. Prenez-y garde, un homme viendra, soit César, soit Spartacus.

Mais sans ces causes, n'êtes-vous point frappé de ce grand mouvement des esprits vers l'égalité ? C'est un fleuve comprimé par des digues qui va lentement, mais qui va toujours. Une guerre sourde existe chez toutes les nations entre le droit et le fait. Prêtez l'oreille, vous entendrez partout un bruit de chaines qu'on lime, de trônes qu'on scie par le pied. Les pauvres, ces forçats de la société, se demandent les uns aux autres s'ils sont moins hommes que ceux dont ils subissent la domination, si cette terre qu'ils cultivent depuis l'aube jusqu'au soir ne doit produire pour eux que du pain noir, et un pur froment pour vous, vos valets et vos chiens, s'ils ne sont enfin qu'un vil engrais qui n'est propre qu'à la rendre féconde. Cette guerre commencée au moyen-âge, nul ne sait quand elle finira, mais assurément les nations ne jouiront d'une paix complète, que quand le droit aura triomphé du fait.

Vous céderez, dites-vous, quand vous verrez noircir l'orage; mais serez-vous assez puissant pour dire à la vague populaire soulevée: tu monteras jusqu'à mes pieds, mais tu n'iras pas plus loin : tiens, voilà mon urne électorale, brise-la sur les durs rivages et va-t-en? Vous avez lu l'histoire, système, vous savez que plus d'un homme s'est repenti d'avoir résisté un jour de trop. Si Louis XVI eût cédé à temps aux justes exigences de son peuple, il eût peut-être fini sa carrière sur un trône constitutionnel. Vous céderez à propos! Mais vous ne connaissez donc pas le peuple, vous qui parlez ainsi! Une fois qu'on le pousse sur la pente des révolutions, il faut qu'il descende jusqu'au bas, il dépasse toujours le but qu'il se propose. En 1830, il ne s'était armé d'abord que pour abolir les ordonnances, mais l'audace lui venant avec le succès, il éleva ses coups jusqu'à la royauté. Qu'eût-il fallu pour que passant sur les débris du trône, il allât jusqu'à la république? Quelque lambeau de drapeau rouge qui eût tout-à-coup surgi d'entre ses rangs. Cette république, Lafayette, le roi de la révolution, l'a tenue entre ses mains; avec quelque prudence de moins et quelque énergie de plus, il l'eût installée au lieu de la royauté, à l'Hôtel-de-ville. Mais le vétéran de 89 ne se souvenait plus de ses jeunes années; il fit à sa patrie l'injure de craindre pour elle les menaces des souverains absolus; il se trouvait d'ailleurs l'ami particulier du duc d'Orléans et il lui fit cadeau de la France. A la place du vieux Lafayette, mettez Napoléon; ou il eût gardé le trône pour lui, ou d'un coup de pied, il l'eût jeté à bas et eût entouré la France d'une pléïade de républiques dont celle-ci eût été le soleil. Voilà ce qu'eût pu produire la résistance intempestive de Charles X. O petites causes, ne savez-vous donc plus amener de grands résultats !

Croyez-moi, d'une façon ou de l'autre, il faut que le peuple intervienne dans ses propres affaires. Si vous ne lui ouvrez une issue volontairement, il se l'ouvrira lui-même avec violence. Quand une troupe armée à laquelle nous ne pouvons résister veut entrer dans notre maison, n'est-il pas plus sage de lui ouvrir la porte que de la lui laisser rompre? Si vous cédiez, la nation pourrait vous tenir compte du sacrifice, mais si votre privilège était pris d'assaut..... Avez-vous jamais assisté en idée à un jour comme celui-ci? La générale bat dans les rues, des hommes courent çà et là en criant aux armes, le tocsin jette du haut des clochers ses tintements lugubres et précipités, des lueurs sinistres éclatent à divers points de l'horizon, les canons tonnent, ils tonnent d'abord par intervalles, puis ils tonnent sans cesse comme un orage descendu à la surface de la terre, un silence se fait, puis on entend craquer dans toutes ses parties le vieil édifice de la société.... N'est-ce pas que de tels rêves sont affreux, et que la crainte seule de les voir s'accomplir est déjà un grand mal ?

Claude TILLIER.

QUATRIÈME LETTRE.

> *Notre marmotte a mal au pied ;*
> *Lui faut mettre un emplâtre.*
> *Quel emplâtre lui mettrons-nous ?*

Vous connaissez, système, cette vieille ballade populaire. Permettez, je vous prie, que notre marmotte vous représente un moment. Tout le monde, excepté quelques optimistes gagés pour dire le contraire, conviennent que notre marmotte est malade, mais quel emplâtre lui mettrons-nous ? Voilà la difficulté. Consultez les principaux organes de la presse. Le *Courrier*, devenu bourgeois, voudrait pour notre marmotte un tout petit emplâtre, pas plus grand qu'un pain à cacheter ; encore pour l'agréer faudrait-il que cet emplâtre fût de soie. Nos amis du *National*, de l'*Intelligence*, du *Journal du Peuple* et du *Charivari*, réclament, eux, un emplâtre ample comme une robe de chambre. Le *Constitutionnel*, ce vieux tambour percé de la révolution de juillet, convient comme les autres que notre marmotte est malade. Mais il voudrait, le bon homme qu'il est, attendre qu'elle fût morte pour lui appliquer son emplâtre. Messieurs des *Débats*, arguant de cette divergence d'opinions entre les docteurs de notre marmotte, et rassurés d'ailleurs par l'excellent appétit de l'illustre boiteuse, protestent contre tout emplâtre présent ou futur. Cependant notre marmotte est malade et il lui faut un emplâtre.

Des gens qui se croient de l'étoffe dont on ferait des capacités, proposent l'application des capacités. Mais quelles capacités appliquera-t-on ? Il y a tant de capacités en France qu'ici ce n'est pas un petit embarras que l'embarras du choix.

Adjoindra-t-on les avocats ? On ne peut faire mieux sans doute. Mais les avoués voudront être de la fournée. Si la chambre ne fait droit à leur requête, ils la plaideront. L'avoué est en effet la chose qui ressemble le plus à l'avocat. Comme lui, il est au courant des affaires publiques : comme lui , il reçoit son journal. L'avoué est moins fort peut-être que l'avocat sur une question de mitoyenneté ou de donation au dernier survivant, mais relativement à la question d'Orient , comme à celle d'Algérie, je ne vois pas pourquoi l'avoué ne vaudrait pas l'avocat. Voulez-vous donc établir un mur de séparation entre deux professions qui se touchent, et mettre l'inimitié et la jalousie là où existait l'union?

Adjoindrez-vous les médecins ? Voilà certes une excellente adjonction. Si un électeur tombe frappé d'apoplexie, il y aura là du moins quelqu'un pour lui ouvrir la veine. Puis, où trouver des électeurs plus habiles que parmi la faculté ! Cet homme sait la médecine , donc il doit savoir la politique : le raisonnement est rigoureux ; mais celui-ci ne le serait pas moins : cet homme sait la politique, donc il doit savoir la médecine. Alors, quand j'aurai la fièvre, je m'adresserai à un secrétaire d'ambassade ou à un conseiller d'état, et pour peu que je sois superstitieux, j'irai m'agenouiller sur la tombe de défunt M. Talleyrand qui, de son vivant, dut être un fort habile médecin.

Adjoindrez-vous les capacités littéraires? Voilà qui serait libéral. Cette adjonction équivaudrait presque au suffrage universel. Vous allez ouvrir une catégorie qui commencera à M. de Châteaubriand et finira au rédacteur de l'*Almanach de Liège*. L'auteur d'une chansonnette pourra, ses quatre couplets à la main , venir vous demander sa part du privilège. Prendrez-vous pour signe de la capacité littéraire un gros livre? Gare alors ! j'aperçois M. Napoléon Landais qui arrive avec son dictionnaire sur l'épaule, suivi du rédacteur des 45 mille adresses. Prendrez-vous une seconde ou troisième édition ? Voici la *Cuisinière bourgeoise* avec ses vingt éditions dans son tablier. Châteaubriand, Victor Hugo, Alexandre Dumas , rois de la pensée, pressez-vous, place à la reine des appétits éclairés !

Mais je songe aux ecclésiastiques ; pourquoi, puisque vous ouvrez un concours entre les capacités, élimineriez-vous les prêtres ? N'ont-ils pas été autrefois un corps politique dans l'état, et leur capacité théologique ne vaut-elle pas bien les capacités profanes dont nous venons de parler ? Il est vrai , vous diront-ils, ou pourraient-ils vous dire, que nous avons des tendances hostiles à votre liberté, nous regrettons l'ancien régime, et nous excommunierions tout votre système constitutionnel, si l'excommunication était encore une arme. Mais ne pouvez-vous paralyser notre mauvais vouloir, sans nous mettre hors du droit commun ? Voulez-vous donc nous clouer par les genoux aux marches de l'autel ? Vous avez peur de nous, mais cette crainte est d'un autre âge ; le temps n'est plus où l'insurrection marchait croix et bannière en tête. Vous ressemblez à des enfants qui reculent à la vue d'un serpent mort étendu sur le chemin. Quelle influence pouvons-nous avoir sur des hommes qui ne vont plus à confesse? Est-ce avec une armée de vieilles femmes, ayant des bedeaux et des sacristains pour sous-officiers, que nous renverserons votre gouvernement constitutionnel ? Forcez-nous d'enterrer les morts, puisque vous nous payez pour cela ; faites-nous mettre en prison comme les plus pauvres de nos paroissiens ; quand nous insultons votre écharpe tricolore, mais puisque vous livrez les droits politiques au pillage, laissez-nous prendre notre part du butin. Ce faisant, nous prierons Dieu qu'il vous bénisse.

J'ai une autre objection à vous faire relativement à vos capacités. Vos capacités, c'est une variété de la richesse. Capacité, intelligence, lumières, tous ces grand mots dont vous vous bouffissez la joue, nous savons ce qu'ils veulent dire dans votre bouche. Ce n'est autre chose que la richesse qui n'est pas assez riche pour payer 200 fr. de contributions. Les connaissances dont vous faites vos capacités ne s'acquièrent qu'à prix d'argent. Pour devenir docteur, il faut avoir passé bien des fois au comptoir de l'Université. Vous n'êtes pas sans avoir un fils ou un neveu avocat ou médecin. Vous savez ce que vous a coûté son diplôme. J'aimerais mieux pour électeurs les plus pauvres paysans que vos capacités ; ceux-là du moins sont des pauvres de bon aloi. Ils n'ont rien que les besoins des pauvres : tout ce qu'il leur faut à eux, c'est du pain bis, un sarreau de toile et un toit pour les mauvais jours de l'hiver ; mais vos capacités avec une fortune bornée, elles ont les vastes appétits de l'opulence ; ce sont les dents d'un requin dans la gueule d'un petit poisson. Comme l'homme qui sourit pour déguiser sa tristesse, elles déguisent la gêne de leur position par le luxe ; leur manie, c'est de représenter la richesse ; elles ont par contenance une profession qu'elles n'exercent pas, la plupart faute de clients ; elles n'attendent qu'un emploi confortable pour jeter la robe aux orties. Je connais une foule d'avocats sans cause qui se sont faits fonctionnaires. L'indépendance de ces gens-là est dominée par l'espoir que le gouvernement leur laissera mettre les mains un jour ou l'autre à la vaste escarcelle du budget.

Selon le comité Barrot, les conseillers de municipalité et les officiers des gardes nationaux seraient une utile adjonction. Moi, pauvre maître d'école qui ne suis jamais sorti de l'arrondissement, je ne sais comment se font ces sortes d'élections dans les grandes cités; mais dans la petite ville que j'habite, voici ce que c'est.

Parlons d'abord de l'élection des officiers. Un individu, qui a des moustaches et une paire d'épaulettes, pour utiliser ces deux choses, veut se faire nommer officier de la garde civique. Après déjeûner, il prend deux amis par le bras, et se rend avec eux à la salle des élections. Sur une table est une boite, espèce de tire-lire qu'en style de harangue on appelle une urne, et auprès un conseiller municipal qui la garde et bâille comme s'il voulait avaler l'urne. Les trois amis, après avoir déposé leurs bulletins dans l'urne, s'en vont prendre une tasse de café et reviennent une heure ou deux après. On procède au dépouillement du scrutin. L'individu à moustaches a obtenu trois voix et est nommé capitaine à l'unanimité. Vous croyez que j'exagère; eh bien! je suis encore d'un tiers en-deçà de la vérité. Je connais un capitaine, excellent homme, qui n'est pas trop fier de son élection, qui a été nommé avec deux voix !

Pour les élections municipales, c'est autre chose. Ici c'est une lutte d'intérêts de localité entre les divers quartiers de la ville. Tout le monde est à son poste. Il y a profusion de redingotes neuves, de chapeaux neufs, de cols qui se dressent autour des oreilles comme une brique sur champ. Malheureusement cette montagne d'électeurs en travail n'accouche que d'une vingtaine de fourmis. Ce qui a déterminé le choix des électeurs, c'est une propriété sur la ligne d'une route projetée, une maison sur l'emplacement d'un marché qu'il est question d'abolir, quelquefois c'est une haine ou une amitié de coterie pour le maire, le sous-préfet et le curé. Voyez si pour des électeurs ainsi faits, il est à propos d'agrandir le privilége !

Je me permettrai encore ce dilemme envers M. Barrot : si les gardes nationaux et les électeurs de municipalité sont aptes à faire quelques électeurs politiques, il sont aptes à en faire un grand nombre.

Car enfin il n'est pas plus difficile d'en faire plusieurs que d'en faire un. Dans ce cas, il faut leur accorder le suffrage médiat sans aucune restriction. Si au contraire ils sont impuissants pour faire un grand nombre d'électeurs politiques, ils ne sont bons pour en faire aucun ; alors il faut les priver entièrement du droit d'élection. Puis il faut être juste envers tout le monde. Ne serait-il pas, je dirai bizarre, pour ne rien dire de plus, qu'un sous-lieutenant de garde nationale fût électeur par son grade et qu'un colonel de l'armée active ne pût l'être par le sien ? Le choix d'une douzaine d'individus est-il plus respectable que de longs services rendus à la patrie ?

Que faut-il donc faire, dites-vous ? C'est ainsi qu'on est toujours embarrassé quand on s'écarte du droit chemin de la règle pour se jeter dans les sentiers perdus de l'exception. Ce qu'il faut faire ? Il faut rendre à la nation la souveraineté dont elle a été dépouillée. L'évangile, cette grande charte du monde, a dit : rendez à chacun ce qui lui appartient ; voilà la loi et les prophètes. Qu'on soit gouvernement, chambre haute ou basse, roi ou peuple, advienne que pourra, il faut être honnête homme ; si on n'était honnête homme qu'à son profit, la probité ne serait plus une vertu, elle serait un calcul. Dans une nation où il y a des prolétaires et des citoyens, pour établir la légitimité d'un pareil ordre de choses, il faudrait prouver que les uns sont plus que des hommes ou que les autres ne sont que des brutes. Ces gens que vous appelez autocrates, empereurs, moi je les appelle des voleurs de couronnes. Ils ne sont point traduits aux assises pour cela ; ils ont même une main de justice au bout de leur sceptre, mais quand déshabillés de leur pourpre et décoiffés de leur couronne, ils comparaîtront à la barre suprême, qui sait ce que Dieu pensera de leur autocratie ?

Vous alléguez, pour autoriser votre usurpation, l'intérêt de l'état. L'intérêt de l'état ! Mais il n'y a point de roi assassin, de ministre corrupteur, de chef de conspiration, de commissaire de police qui vous fait jeter en prison parce que vous avez perdu votre passeport, qui n'ait de ce mot plein la bouche. L'intérêt de l'état ! Mais l'intérêt de l'état, c'est l'intérêt de tous ; or, je vous le demande, comment l'intérêt de tous serait-il compromis, si l'intérêt de tous était représenté ? La majorité peut comprendre mal ses intérêts, mais c'est un axiome de justice que la satisfaction du plus grand nombre doit être préférée à celle du plus petit.

Or quand la majorité a déclaré qu'elle est satisfaite, toute discussion est terminée.

Le peuple ferait mauvais usage de ses droits ! Mais comment savez-vous cela ? Avez-vous aussi le privilége de prédire ? Voici un homme qui comparaît devant la cour d'assises ; c'est vrai dit-il, j'ai volé à cet homme son argent, mais je prévoyais qu'il en ferait mauvais usage. Au lieu de me punir, récompensez-moi, j'ai agi dans l'intérêt de l'état ; je suis un bon citoyen, et ce procureur du roi qui requiert contre moi est un séditieux. — Cet argument que vous touverez détestable dans la bouche d'un voleur, pourquoi serait-il bon dans la vôtre ? La différence des positions fait-elle celle des consciences, et l'iniquité, quand elle porte un habit noir, peut-elle se faire passer avec impunité pour la justice ?

Encore une petite parabole s'il vous plaît. On procède dans un village à l'affouage de la forêt commune ; le maire fait distribuer à chacun sa portion de bois. — Toi, Jacques, dit-il à un pauvre homme, je confisque ton bois à mon profit. — Et pourquoi cela, monsieur le maire, répond Jacques. — Parce que je suppose que tu es un homme négligent, et de cette supposition, je conclus que tu mettrais le feu au village. Ne te fâche point, Jacques, c'est dans ton intérêt que j'agis.

Bonaparte, quand des lauriers de Marengo il voulut se faire un diadème, disait que les assemblées primaires faisaient un mauvais usage de leurs droits. Louis XVIII, vingt ans plus tard, dit que les électeurs à trois cents francs qu'il nous avait octroyés, faisaient un mauvais usage de leurs droits. Vous-même, selon Charles X, vous faisiez un mauvais usage de vos droits, quand vous vouliez renverser ses ministres. A votre tour, vous venez nous dire que le peuple ferait un mauvais usage de sa souveraineté. Voyez comme tous les usurpateurs, petits et grands, se rencontrent dans leur manière de justifier leur usurpation !

Le peuple ferait mauvais usage de ses droits ; prenons votre supposition pour un axiome ; que gagnerez-vous à cela ? Ma fraction de souveraineté, mon morceau de sceptre m'appartient, j'en fais l'usage qu'il me plait, excepté celui de le vendre ; en cela je ne suis justiciable que de ma conscience.

Le peuple ferait mauvais usage de ses droits ! Mais vous-même, quel usage faites-vous donc de ce que vous appelez vos droits ! Parmi vos

459 représentants, n'y a-t-il que des hommes désintéressés, qui n'ont jamais rien voulu accepter du gouvernement, ni pour eux, ni pour leur famille; que des hommes rigoureusement probes, qui ont rejeté comme un bien mal acquis le salaire des fonctions qu'ils avaient cessé de remplir; que des hommes consciencieux qui ont préféré toujours au petit intérêt de leur localité, les intérêts sacrés de la France; que des hommes avares de l'argent du peuple, qui ont opiniâtrement défendu sa bourse contre les embûches de la liste civile; que des hommes incorruptibles qui ont repoussé avec dédain les avances injurieuses de la cour; que des hommes jaloux de l'honneur national autant que du leur, qui se sont toujours souvenus qu'ils étaient les représentants de la grande et glorieuse nation, et n'ont jamais souffert que son front s'humiliât devant un diadème; que des hommes fidèles à la foi jurée, qui n'ont jamais apostasié; que des députés laborieux qui étudient avec assiduité les intérêts de la France, et sont à la hauteur des grandes questions auxquelles ils prennent part; que des orateurs distingués qui ne disent que ce qu'il faut, qui disent tout ce qu'il faut, et qui le disent avec éloquence? S'il n'en est pas ainsi, ne venez donc pas nous dire, capacité de deux cents francs, que le peuple ferait un mauvais usage de ses droits. A la rigueur, il pourrait faire plus mal que vous; mais certes il ne lui serait pas difficile de faire mieux.

Le peuple n'est pas intelligent! Plébéiens parvenus, vous êtes de mauvais frères qui voulez faire interdire vos frères pour vous emparer de leur domaine. M. Dupin est bien intelligent, n'est-ce pas? Cependant le peuple était plus intelligent que lui, lorsque se riant de sa prétendue légalité, il déchirait violemment les ordonnances de Charles X? Était-ce alors avec des bulletins qu'on faisait des cartouches? Et ce sang qui coulait au ruisseau, n'était-ce que du sang d'électeur? Pourquoi alors n'avez-vous pas dit au peuple : « Tu crois défendre ta liberté, et, soldat aux bras nus, ce sont nos privilèges que tu défends. Retourne dans tes noirs ateliers, va nous faire des toges, des habits de courtisans, des galons, des épaulettes, car nous seuls profiterons de ta victoire. Tu n'es pas assez intelligent pour te mêler de nos querelles, laisse-nous seuls achever notre besogne ». — Je me souviens qu'alors on fit de belles promesses au peuple, on le choyait, on lui prenait les mains, on feignait d'aimer ceux qu'il aimait; on ne pouvait dormir que sous la garde de ses baïonnettes ; il semblait que ce fût un fils de bonne maison qu'on avait hâte de faire instruire pour le présenter dans les bonnes sociétés. Nous sommes 30 millions de niais qui ayons cru à la sincérité de ces démonstrations, mais à présent, il est bien avéré pour nous qu'on redoute l'instruction du peuple plus qu'on ne la souhaite.

Le peuple n'est pas intelligent ; si vous entendez par là qu'il n'a pas comme vous la tête tapissée de feuillets de livres, mais j'en conviens ; si vous prétendez être plus intelligent que lui, je proteste. Toute votre supériorité intellectuelle consiste à parler plus disertement que le peuple sur toute sorte de sujets. Vos capacités sont d'impitoyables parleurs, qui, au lieu de vous dire oui ou non, vous font un discours. Votre centre-droit et votre centre gauche sont deux cimbales qui se heurtent avec un bruit étourdissant. Votre gouvernement constitutionnel, c'est un chapeau chinois qui ne peut faire un mouvement sans faire tinter ses mille clochettes, un dialogueur éternel qui a à peine le temps d'écouter et de répondre ; mais de tout ce cliquetis de paroles que sort-il ? Pour parler, il ne faut que de l'imagination ; pour comprendre et surtout pour agir, il faut du bon sens. Or le bon sens ne semble pas être la spécialité de vos capacités, car tous les jours il nous arrive des malles-postes de diatribes contre leurs actes. Prenez le plus élégant de vos parleurs, et donnez lui une ferme à gouverner, il sera embarrassé peut-être pour maintenir l'ordre parmi ses domestiques.

Il ne faut pas vous exagérer le mérite de votre éducation bavarde et retentissante. Sans l'intelligence, votre éducation n'est rien, sans l'éducation l'intelligence est encore reine ; l'intelligence c'est l'étoffe, l'éducation c'est la teinture, or quand la teinture est mauvaise, elle gâte l'étoffe. Votre éducation détériore plus qu'elle ne perfectionne. Un sot bien éduqué, c'est un laideron en toilette ; un homme de génie qui a bien voulu se laisser pénétrer par votre éducation, c'est un lion dont le coiffeur a frisé la crinière, un fier coursier d'Arabie auquel on a appris à faire le cheval savant.

Le peuple n'est pas intelligent ! Mais que faut-il donc pour être électeur ? Avoir une conscience et ne pas la vendre ; entre honnêtes gens, je ne vois pas que l'un puisse être meilleur électeur que l'autre. Les électeurs n'ont pas à s'occuper des détails d'un système politique ; la question d'Orient ne les regarde point ; ils indiquent seulement le but auquel ils veulent qu'on arrive ; ils font le titre du livre ; c'est au député à le remplir.

Le peuple, dites-vous, n'entend rien à la politique, il ne saurait juger du mérite des divers candidats qui viendront solliciter son suffrage. Le peuple n'entend rien à la politique, d'accord. Mais vous même vous n'entendez rien à l'horlogerie, vous ne seriez pas capable seulement de monter une pendule ; cependant, quand votre montre s'est dérangée, vous savez bien, trouver le plus habile ouvrier du lieu pour la faire réparer. Comment l'habileté de cet homme se révèle-t-elle à votre ignorance ? C'est que la réputation est une enseigne que tout homme porte devant lui et qui l'indique au public. Ce que vous faites pour votre montre, pourquoi le peuple ne le ferait-il pas pour des représentants ? Dans cet arrondissement, il y a une grande illustration, comme dit M. le préfet, et beaucoup de capacités qui ne savent pas lire. Cependant, c'est toujours à la grande illustration que les capacités qui ne savent pas lire font donner leurs voix. Vous allez me dire que la réputation la plus éclatante est quelquefois usurpée, mais vous-même, n'êtes-vous pas, comme le serait le peuple, susceptibles de vous laisser tromper ? Que dis-je ? susceptibles.... vous vous laissez tromper à chaque élection. Le député que vous prenez pour un rigide citoyen, qui n'ira point flagornant les ministres et qui ne s'occupera que des intérêts de la France et non de ceux de la localité, se trouve presque toujours être un misérable apostilleur de pétitions qui oublie la France pour ses électeurs, et par lequel l'arrondissement est inondé de fonctionnaires et bariolé de croix d'honneur.

Le peuple se laisserait corrompre, dites-vous. Est-ce que vous avez peur qu'il gâte le métier ? Mais vous qui parlez ainsi, croyez-vous que nous ayons les yeux fermés sur votre urne, que toute cette corruption, qui est au fond ne jette point d'odeur ? Qu'avons-nous vu aux dernières élections ? Une sale et dégoûtante friperie de consciences étalée et marchandée publiquement, le gouvernement se faisant agent de corruption, achetant par des promesses ou intimidant par des menaces, et la nation recevant par tous les pores les miasmes empoisonnés qui s'exhalent de la matière électorale en putréfaction.

Le peuple se laisserait corrompre ! Vous vous croyez bien plus moral que lui, système. Mais la richesse a , proportion gardée, autant que la pauvreté, de mauvais sujets qui la déshonorent. Du côté de la pauvreté, c'est le vol franc, tout nu, bien caractérisé, tel que le définit le code, c'est à ses risques et périls qu'on est malhonnête homme ; le vol est ordinairement de peu d'importance, et souvent il a la misère pour excuse. Du côté de la richesse, c'est la ruse, la supercherie qui d'un seul coup ruine sa victime et que la loi ne peut atteindre, faute de définition ; on règle sa conscience sur le code, tout ce qu'il ne défend pas est permis, l'impunité, c'est la vertu ; ce n'est pas votre foulard qu'on vous prend dans votre poche, mais à l'aide d'un avoué pour compère, on vous escamote une pièce de terre. Ici le vol ne déshonore pas, il n'empêche pas d'être nommé juge de paix, juge au tribunal de commerce, ni d'avoir la croix d'honneur. Cette improbité est d'autant plus hideuse qu'elle n'est pas produite par le besoin, elle a l'instinct de l'or comme le tigre rassasié a l'instinct du sang. O riches ! vous vous dites honnêtes gens ; eh ! qui le sait ? Croyez-moi, pour se dire honnête homme, il faut avoir grelotté de froid dans un galetas, passé de longues nuits d'hiver sous une couverture trouée, avoir vu sa femme malade de misère et n'avoir pu lui procurer un bouillon, avoir entendu ses enfants crier de la faim, et n'avoir point eu de pain à leur donner, avoir vu cependant dans la rue des femmes et des hommes éblouissants de luxe et des animaux bien repus, et être sorti pur de cette épreuve. Je connais, parmi le peuple, beaucoup d'honnêtes gens de cette force là.

Et quand bien même le peuple serait disposé à se laisser corrompre, où est le corrupteur qui oserait entreprendre une pareille besogne? Le gouvernement? Mais les moyens de séduction que le gouvernement a entre les mains ne sont pas à la portée du peuple. Offrez une place à un paysan, c'est comme si vous présentiez un gigot rôti à son bœuf. Et d'ailleurs, les moyens de séduction dont peut disposer le gouvernement sont bornés. Vous avez une assez jolie provision d'arsenic qu'on vous a donnée pour faire mourir les rats et que vous voulez employer, vous, à empoisonner des hommes ; si vous jetez votre arsenic dans un puits, il y fera son effet; si vous l'épandez dans un lac, votre poison sera perdu.

Les candidats? Mais nous ne sommes pas en Angleterre où les lords sont plus riches que les rois, où un marchand pourrait soudoyer une armée ; en France, quel particulier aurait assez d'argent pour acheter la moitié plus une des consciences d'un arrondissement ? Puis, s'il est en France des choses qui se troquent pour des places, ces mêmes choses ne se vendent pas pour de l'argent compté.

Le peuple serait perturbateur ? Et dans quel but ? Que gagne-t-il aux révolutions ? Vous savez bien vous à qui les révolutions profitent. Au milieu des troubles civils vos bois poussent, vos épis mûrissent, mais le peuple, c'est sur le sol de pierre des ateliers qu'il récolte ses moissons. Si vous coupez les mains à l'industrie, vous le réduisez à la misère. Quand il a vécu sept à huit jours de son chétif mobilier, de son dernier lambeau de toile, il se fait une besace et va mendier. Vous parlez de guerres civiles, mais prenez-vous le peuple pour un loup affamé qui aiguise ses dents à l'odeur de la chair morte ? Que trouvera-t-il sur les champs de bataille ? Les femmes allaiteront-elles leurs nourrissons avec du sang et les hommes mangeront-ils des cadavres ? Allons au pis, supposons la France, par suite d'un changement de gouvernement, vaincue, envahie, déchirée en parts comme le manteau de Jésus-Christ, retranchée des nations comme sa cousine germaine, la malheureuse Pologne, le sol restera et la propriété par dessus ; le riche aura toujours de quoi manger. Il n'a pas peur, lui, que les Cosaques du Don ou de l'Ukraine emportent sur leurs porte-manteaux chacun un morceau de sa propriété. Si le joug lui pèse trop, il vend son domaine et emporte sa patrie dans son portefeuille. Partout où l'argent a cours, le riche trouve une patrie. Mais le pauvre, il faut qu'il reste sous la dure main de l'oppresseur, qu'il meure où il est né ; de son berceau à sa tombe, il n'y a que la distance de la mairie au cimetière. C'est une plante attachée au sol, qui ne peut se détourner du pied qui la foule et doit recevoir la pluie comme le soleil. Ne dites donc point que le peuple serait perturbateur ; s'il voulait l'anarchie, il la ferait, vous ne sauriez l'en empêcher ; vos gendarmes ne sont pas assez grands pour le saisir au collet et vos menottes sont trop petites pour ses mains ; ce que le peuple veut, c'est ce que vous voulez vous-même, l'ordre, la liberté, plus l'égalité politique.

Mais dites la vérité, vous avez peur encore de 93. Timides enfants, le peuple vous apparaît toujours comme un énorme fantôme assis sur un échafaud ruisselant de sang, et portant dans sa main, au lieu de boule, une tête de roi. Mais les temps et les hommes sont changés, vous vous en êtes aperçus en 1830. Quatre-vingt-treize, c'était là réaction d'une liberté toute bouillante de jeunesse contre dix siècles d'oppression, c'était l'emportement d'un esclave qui met en pièces les verges dont on le battait. On voulait montrer à ces grands seigneurs, qui avaient tant persécuté le peuple, que tout leur orgueil pouvait tenir entre les murs d'une prison, à ces grandes dames si hautaines, si railleuses de tout ce qui se trouvait au-dessous de leur tabouret, qu'elles n'avaient été que des femmes de chambre de cour; on voulait voir si ces rois, qui avaient tant fait verser de sang, avaient aussi du sang d'homme dans les veines. C'était Charles IX, c'était Louis XIV, c'était toute une dynastie de mauvais rois qu'on guillotinait dans la personne de Louis XVI. Sans doute c'est un effrayant spectacle, de voir un diadème tomber au panier du bourreau; mais quand le sceptre du roi condamné est devenu la pâture des vers, quand sont usés les crêpes avec lesquels ses plus chers portaient son deuil, vous qui n'êtes point gentilshommes, vous versez encore des larmes hypocrites sur son cénotaphe! Mais vous, hommes si compatissants aux malheurs de haut étage, vous n'avez ni indignation, ni larmes pour cet amas de misères que les rois ont fait peser sur le peuple. Vous voyez d'un œil impassible passer dans son sac funèbre la terrible justice du roi. Mais, dites-moi, les têtes de cette foule de malheureux que les rois ont fait périr accrochés à leurs gibets, étendus sur leurs roues, liés par des chaînes de fer aux murs verdâtres de leurs cachots, brisés par les tortures de leur horrible question, ne vous semblent-elles pas une monnaie suffisante pour payer votre tête de roi? Et ces quatorze armées tombées l'une après l'autre sur la frontière en défendant le sol de la République contre une ligue de sept rois, ne les compterez-vous pas? Et les généreux soldats qui allaient sans souliers à l'ennemi, qui combattaient sans avoir mangé, qui passaient des saisons entières au bivouac, n'ont-ils pas eu aussi leurs misères avant le repos du champ de bataille? Non, vous avez beau dire, nous ne renierons pas nos pères, nous déplorerons leurs excès, comme un accident inséparable de leur position, si vous le voulez, comme un crime de la nécessité, mais nous honorerons toujours leurs sauvages et inflexibles vertus. Et vous qui

venez faire vos ordures sur leurs cendres , que seriez-vous sans eux ?
Les valets de chambre de ces grands seigneurs, dont vous avez pris
la place. Si donc, des prétendus crimes du peuple, vous tirez des
conclusions sinistres contre le gouvernement populaire ; des crimes des
rois, de celui du moins de Charles X nous tirerons les mêmes conclusions contre la royauté. Il nous est permis comme à vous de mal rai-
sonner.

Une fois pour toutes, finissons-en avec 93. Laissez dormir la grande époque sous son linceul ensanglanté, mangez, dansez ; faites de
honteux traités sur sa tombe, le terrible siècle ne se réveillera plus.
Ce n'est pas nous esprits sceptiques, ames lavées par une émulsive civilisation, que les passions politiques, comme des chevaux indomptés
qui galopent dans le sang, emporteront à travers les excès d'une révolution. La faiblesse, plutôt qu'une exubérante énergie, est le vice de
notre époque. Voyez comme on se dégoûte des affaires publiques !
L'événement le plus grave tombe à la surface de cet océan d'hommes,
comme un grain de sable qui y fait à peine une ride. Chacun se fait
une patrie de sa famille, une France de son comptoir ; et dans toutes
les opinions se trouvent des hommes qui se font une enseigne de leur
drapeau. L'égoïsme, comme une croûte de pierre, monte et monte
sans cesse autour des cœurs. On mesure sa haine et son affection au
gouvernement, d'après le bien ou le mal qu'il nous fait. Qu'un roi ty-
ran accable la France d'impôts, les percepteurs et les porteurs de con-
traintes le béniront. Qu'un roi sage réforme tout cet attirail de for-
malités que la justice traîne après elle, il sera maudit par les avoués.
A aucune autre époque, on n'a plus parlé de patriotisme, c'est un ti-
son de bois vert qui pétille avec grand bruit et ne jette aucune flam-
me. Quel patriotisme peut-on attendre, en effet, d'hommes que les institutions ne rattachent point à la patrie, et pour lesquels cette patrie
n'est que la terre où ils demeurent ? Comparez les peuples d'à-présent
aux peuples de l'antiquité, combien ils sont petits auprès de ces
géants ! Où est cette Rome qui de ses bras étendus mesurait le monde ?
Cette Numance qui, une année entière, avec le secours de ses seuls
habitants, résista à toute la puissance du peuple monstre et aima
mieux se brûler vive que de se soumettre ? Où est ce glorieux vaisseau
qui descendait sous les flots avec le dernier lambeau de son pavillon

criblé, aux cris de : Vive la République ! Vous voyez à la surface de l'Europe de grandes nations et vous dites : voilà des nations puissantes ; mais ce sont de vastes corps dont les membres ne tiennent pas entre eux et qui se brisent sous le choc d'un conquérant, quand il se rencontre un conquérant pour les heurter. Pour soumettre ces grandes nations, que faut-il ? Il suffit de faire un trou au milieu de leur armée, puis on ne rencontre plus que des magistrats qui vous apportent des clés de ville dans des plats d'argent, que des bourgeois qui viennent s'excuser de s'être laissés défendre par leurs soldats, et demandent pardon pour eux et pour leurs défenseurs.

On citera cette Espagne si courbée sous le joug et cependant si héroïque dans sa résistance à Napoléon, cette Espagne que l'aigle voulait enlever du milieu des nations et qu'il laissa choir de sa serre blessée. Mais l'Espagne est une nation à part. Les Espagnols étaient entraînés sur les champs de bataille par le fanatisme religieux plutôt que par l'amour de la patrie. C'était moins l'usurpateur qu'ils abhorraient que l'ennemi de la religion, que l'impie excommunié par le pape. Est-ce donc les hommes qui ont dégénéré ? Non. Ce sont les institutions. Avec des esclaves et un million de soldats vous pouvez faire un empire, vous pouvez, si vous le voulez, avoir des rois pour porter la queue de votre pourpre. Mais pour faire un peuple, il faut des citoyens. Faites revivre par des institutions démocratiques le peuple héroïque de 93 et que les autocrates fassent, tant qu'ils en voudront, des congrès et des protocoles, la constitution que vous auriez fondée sera à l'épreuve de leurs boulets. Ils n'auront pour vous attaquer qu'un nombre limité de soldats : vous aurez pour vous défendre un nombre infini de citoyens, qui aimeront mieux perdre la vie que la liberté, parce que sans la liberté la vie serait pour eux un supplice. Avec des institutions démocratiques, la France aurait bientôt repris sur les autres nations la supériorité que Charlemagne et Napoléon lui avaient un instant donnée, mais qui s'est ensevelie dans la tombe du premier et que l'aigle du second a emportée avec elle en remontant aux cieux, supériorité d'autant plus durable qu'elle dépendrait non des chances d'une campagne, mais des institutions politiques, du peuple lui-même et non de son chef.

Concluez, direz-vous. Ce que je demande, c'est le suffrage universel.

le suffrage universel sans restriction. Je voudrais qu'à 25 ans accomplis tout Français fût électeur; à 25 ans plutôt qu'à 21, parce qu'à cet âge les fumées de la jeunesse sont déjà dissipées, que l'intelligence et la raison sont à peu près dans toute leur maturité, que la plupart ont un établissement et que beaucoup sont déjà chefs de famille. Quoi! les mendiants aussi, direz-vous? Oui, mon beau monsieur, les mendiants aussi; seulement vous pouvez ajouter à la loi un article qui leur impose l'obligation de mettre le jour des élections une chemise blanche et de se faire la barbe. Au fait, je conviens que les mendiants sont des électeurs qui n'offrent pas toutes les garanties possibles, mais de ce qu'ils sont véhémentement soupçonnés, faut-il les tenir pour atteints et convaincus? Respectons en eux le caractère de citoyens, dont leur misère ne les a point dépouillés. Voudriez-vous être plus délicat que Jésus-Christ, qui les laissait approcher de lui, les touchait et les guérissait? C'est déjà beaucoup, dans leur position, qu'ils ne soient pas des voleurs. Puis quand vous auriez un mendiant sur deux ou trois cents électeurs, est-ce bien cela qui pourrait vicier l'élection? Y a-t-il un sac de farine, si blanche et si pure qu'elle soit, où il ne se trouve quelques grains d'ivraie?

Je ne vois qu'une exception admissible, c'est relativement à nos jeunes concitoyens qui sont sous les drapeaux. Mais ici il y a nécessité absolue; les soldats sont trop assujétis à leurs officiers qui ont le droit de les trouver en faute quand il leur plaît, et de les faire passer en prison la moitié de leur temps de service, pour offrir des garanties d'indépendance suffisante. Puis, comment une armée en campagne pourrait-elle s'occuper d'élections?

Mais, direz-vous, le suffrage universel, comment le recueillera-t-on? N'y a-t-il point ici une impossibilité physique devant laquelle la bonne volonté la plus déterminée doit reculer? Avec l'élection à deux degrés, le suffrage universel serait facile à mettre en pratique. Le comité Barrot a reconnu les avantages nombreux que présenterait ce dernier mode d'élection, mais il aurait, dit-il, l'inconvénient de ne pas exciter, par un intérêt assez puissant, les passions politiques des assemblées primaires. Les raisons du comité ne me paraissent pas suffisantes. Ce n'est pas pour les hommes, mais pour les choses, que les assemblées primaires doivent se passionner. L'électeur, au second degré, étant l'opinion vivante de ceux qui l'ont choisi, les assemblées primaires se ront bien sûres que le député qui ne sera lui-même qu'une copie de l'électeur, sera l'expression exacte de leurs opinio ns. Elles devront s'intéresser aussi vivement à la nomination des électeurs qui les représenteront, qu'à celle du député lui-même.

Si d'ailleurs l'élection à deux degrés était rejetée, je ne vois pas d'incompatibilité d'exécution entre le suffrage universel et l'élection directe. Serait-il donc impossible de diviser, comme cela se pratique dans les villes où les électeurs sont trop nombreux, l'arrondissement électoral en plusieurs sections dont le siége serait au chef-lieu de chaque canton et de faire au chef-lieu d'arrondissement le dépouillement du scrutin? Mais, dira-t-on, s'il y avait ballottage il faudrait donc que des électeurs pauvres et qui ont besoin de leur travail restassent en permanence plusieurs jours au chef-lieu de leur canton? A cela je répondrai que si la qualité de citoyen impose des devoirs, elle impose aussi des sacrifices. C'est une charge que tout homme tient de Dieu, non-seulement dans son intérêt, mais encore dans celui des autres. Ensuite, la distance de chaque chef-lieu de canton au chef-lieu d'arrondissement est ordinairement très-courte; mettez un gendarme au galop, il ne lui faudra que quelques heures pour apporter au chef-lieu d'arrondissement l'urne d'un canton et y rapporter le résultat du scrutin pour qu'il soit procédé, s'il y a ballottage, à une nouvelle opération. Quand les électeurs s'iraient coucher un peu plus tard, ou ne se coucheraient pas du tout, serait-ce donc là un si grand inconvénient? Ne serait-ce pas un beau spectacle que cette armée d'électeurs bivouaquant sur la place publique, veillant comme des soldats pour le salut de la patrie, et discutant, à la lueur de leurs feux, sur le résultat prochain de leur courte et pacifique campagne?

Quoi! direz-vous, est-ce que vous ne pensez pas comme le comité-Barrot? Est-ce que vous approuvez l'élection par arrondissement? Bien loin de là, monseigneur. L'élection par arrondissement me semble une grande difformité de notre système électoral. C'est un grand mal, non-seulement pour la France, mais encore pour le député.

On nous apprend que M. Jérôme est nommé député de l'arrondissement. M. Jérôme, dites-vous, je le connais; je ne le croyais pas susceptible d'être nommé député. Il n'est pas capable de rédiger correctement trois lignes d'affiches. — Eh ! n'y a-t-il pas sans lui assez de phraseurs à la chambre? — Mais je ne lui ai jamais connu d'opinion. — Moi, je lui en ai connu cinq à six. — Mais il n'entend rien à la politique. — Aussi n'est-ce pas pour s'occuper de politique que nous l'avons fait député.

Monsieur Jérôme, en effet, n'est que le chargé d'affaires de son arrondissement. Aux séances de la chambre, quand il y va, il n'a rien à faire qu'à bâiller. Mais la séance finie, ses fonctions commencent; il va de ministère en ministère solliciter pour ses électeurs, pour leurs parents et leurs amis. Rentré chez lui, il ne peut, sous peine de perdre la confiance de ses représentés, se mettre au lit sans avoir répondu à un amas de lettres qu'il voit avec désespoir étalées sur son bureau et dont il sait le contenu à l'aspect seul de l'adresse. S'il savait faire des discours, il proposerait à la chambre une loi qui obligerait chaque arrondissement à fournir à son député une voiture et un secrétaire. Le lendemain, autre corvée; il a à subir la visite d'un électeur qui ne veut point quitter Paris sans avoir vu son représentant. Heureux encore le représentant, si l'électeur, abusant du titre de camarade de collége, ne s'invite à déjeuner chez lui avec son chien !

Un autre inconvénient de cette organisation électorale, c'est que l'opinion publique, même en supposant les électeurs tels qu'ils doivent être, n'est pas ou pourrait n'être pas représentée. Soit en effet un département composé de cinq arrondissements. Supposons, pour simplifier le calcul, qu'il y ait trois électeurs dans chaque arrondissement. Deux arrondissements ont nommé à l'unanimité un député de l'opposition; dans les trois autres arrondissements, un député ministériel a été nommé à la majorité de deux voix contre une. Ainsi, dans ce département, les opinions hostiles au ministère auront été exprimées par huit voix et n'auront produit que deux députés, tandis que l'opinion contraire exprimée par six voix en aura produit trois. Vous voyez qu'il ne faudrait pas que la même chose eût lieu dans un bien grand nombre de départements pour que la minorité imposât sa volonté à la majorité. L'élection par arrondissement est par conséquent un mal, mais ce qu'il y a de pis, c'est que c'est peut-être un mal nécessaire. Placez le chef-lieu électoral au chef-lieu de département, les électeurs resteront au coin de leur feu ou à la queue de leur charrue. Vous n'aurez que ceux auxquels le gouvernement aura fourni des moyens de locomotion (1).

Je ne finirai point, comme les avocats de la cour d'assises, qui dans leurs péroraisons ont toujours soin de dire au jury qu'ils sont certains de l'acquittement de leur prévenu. Oh! non, mes amis du peuple, nous n'obtiendrons pas le suffrage universel. Nos juges sont trop intéressés à nous faire perdre notre cause, pour que nous la gagnions. Les électeurs ne se soucient pas de se défaire d'un privilége qui pour beaucoup d'entre eux vaut un domaine. Les députés, de leur côté, n'aiment pas voir dans les colléges électoraux des visages inconnus. Mais, comme un capitaine de navire qui, son vaisseau sombrant, cherche à en sauver la chaloupe, je demanderai qu'on nous fasse du moins les concessions que je vais dire.

On veut que la propriété soit représentée. Si cela est bien, pourquoi la petite propriété ne le serait-elle pas comme la grande ? On ne dira pas sans doute qu'il y a plus de matière électorale dans un sac de blé que dans un double décalitre. Alors pourquoi ne pas donner à chaque propriétaire la faculté de céder à qui bon lui semblera ses contribution pour faire partie du cens électoral de ce dernier. Partisans de la capacité terrienne, cette mesure serait conforme à vos idées. Chacun contribuerait à l'élection, en proportion de sa fortune.

Je n'ai plus qu'un mot à dire des électeurs : c'est relativement au scrutin. Je voudrais que l'urne où ils déposent leurs bulletins fût de verre, et que tout le monde vît ce qu'on met dedans. C'est à la face de la nation, et la main sur le cœur, qu'un citoyen français doit voter. Les électeurs sont des fonctionnaires ; comme fonctionnaires, ils sont responsables de leurs actes, sinon devant la loi, du moins devant l'opinion publique. Vous n'avez pas le droit de faire grâce aux uns de la désapprobation de leurs concitoyens, et de priver les autres de leur estime. Applaudir et blâmer, voilà ce qui fait les vertus ; la religion

(1) N. DU R. — Nous ferons observer au lecteur que notre spirituel correspondant de Clamecy ne parle ici que pour son compte. L'*Association*, dans un des précédents numéros, a présenté un système à l'aide duquel l'élection directe, avec le suffrage universel, pourrait s'opérer, sans déplacements, au chef-lieu de département.

chrétienne a eu des hommes pieux parce qu'elle avait des saints, des apôtres courageux qui affrontaient la persécution ; parce qu'elle avait des martyrs dont les membres, à peine sortis des mains du bourreau, devenaient des reliques. Le scrutin secret ne protège point l'indépendance des électeurs ; quand on a des opinions généreuses, on a toujours le courage de ses opinions. Il ne protège que la corruption, l'apostasie, l'intrigue ; les honteuses manœuvres cherchent le mystère et les ténèbres. L'honnête homme, au contraire, aime à agir au grand soleil de la publicité. Quand on n'a pas l'intention de faire de honteuses choses, on n'éteint pas les lumières. Vous demandez à un électeur pour qui il votera ; il vous répond qu'il votera selon sa conscience. Quoi ! citoyen anonyme, tu voteras selon ta conscience, et tu n'oses dire comment tu voteras !..... As-tu donc peur qu'on te prenne pour un honnête homme ?

On a demandé que les députés fussent rétribués. Au premier aspect, cela paraît juste. Les députés sont les premiers d'entre les fonctionnaires ; ils sont les dépositaires de la souveraineté nationale. Serait-ce donc à raison de l'élévation de leurs fonctions qu'ils n'en recevraient aucun salaire ? Ce salaire, il leur semble d'autant plus légitimement acquis, qu'ils sont obligés de quitter leur famille, leur industrie, l'administration de leurs affaires, pour venir à Paris s'occuper de celles de la nation. Ne leur doit-on pas un dédommagement pour les sacrifices qu'ils s'imposent ? Je conviens de cela, mais ce qui serait juste à l'égard des députés, cesse de l'être à l'égard des contribuables. Les contribuables ont des députés gratuits tant qu'il leur en faut ; pourquoi leur imposerait-on l'obligation de se faire représenter par des députés rétribués ? Les députés, ai-je dit, sont les premiers fonctionnaires de l'état ; il faudrait donc qu'il leur fût alloué un traitement proportionné à l'importance de leurs fonctions, un traitement égal au moins à celui des préfets. Le budget ne vous semble-t-il pas déjà assez lourd sans ce surcroît de charge ?

Depuis le sceptre jusqu'à la hallebarde du garde-champêtre, tout en France est salarié. Chaque administration, avec sa hiérarchie de fonctionnaires, est un vaste tiroir où les fonctions sont rangées par piles de diverses pièces, depuis le beau napoléon d'or jusqu'au liard vert-de-grisé. Laissez-nous au moins une institution que l'argent ne désanoblisse pas. Le bel honneur que ce serait pour les députés quand la chambre des pairs, le sourire à la bouche, au lieu de dire la chambre élective, dirait la chambre salariée ! Quoi ! dans Garnier-Pagès je ne verrais plus qu'un avocat plaidant pour de l'argent la cause de la patrie ! Ne nous ôtez pas nos illusions, laissez-nous croire au désintéressement de nos députés, et si nous devons être détrompés un jour, que ce soit eux qui nous détrompent.

Puis, la rétribution, c'est un os jeté au milieu d'une troupe de chiens affamés. La députation, descendue au niveau d'une bonne place, va devenir un objet de convoitise pour une foule de médiocrités cupides, qui ne verront dans le député qu'un homme bien payé pour ne rien faire, et tenteront sur les électeurs tous les moyens possibles de corruption. La rétribution ne mettra-t-elle, d'ailleurs, aucune entrave à l'indépendance du député ? Celui-ci, comme l'animal domestique, qui ne connaît que la main qui lui apporte sa nourriture et non celle qui la fournit, ne s'habituera-t-il pas à regarder le gouvernement comme l'auteur de sa fortune ? Etes-vous sûr, d'ailleurs, qu'il ne surgira jamais quelque circonstance où le député, dans l'intérêt de ses émoluments, ne fléchira point devant son devoir ? Si la chambre se trouvait dans la nécessité de refuser le budget, cette considération, qu'elle va se destituer elle-même de son traitement, ne l'arrêterait-elle pas ? On consent encore à se laisser arracher une dent, mais pour se l'arracher soi-même, il faut être courageux.

On a dit que la rétribution ouvrirait les portes de la chambre à des hommes de talent et de vertu, mais trop peu riches pour solliciter la députation. On ne fait pas attention que ces hommes de talent et de vertu ont une profession qui les fait vivre et qu'ils ne consentiront jamais, eux hommes de bon sens autant que de vertu, à quitter les avantages durables de leur clientelle pour les avantages passagers d'un emploi incertain, qu'une dissolution de la chambre peut leur enlever.

Le comité-Barrot met en question l'exclusion des députés rétribués de la chambre. Ils ont, dit M. Barrot, des connaissances pratiques dont le pouvoir législatif peut faire profit. Sans doute, M. Barrot, mais si vous aviez une servante menteuse, voleuse, grondeuse, paresseuse, coureuse, etc. etc. la garderiez-vous parce qu'elle saurait faire les confitures ou l'eau de gruau ? Voilà la question. N'est-ce pas en effet, une chose bien extraordinaire que dans un pays comme la France, où abondent tous les genres de mérite, on choisisse, pour contrôler les actes du gouvernement, précisément ses créatures. Quand un homme vient pour témoigner en justice, on lui demande s'il n'est point au service de l'une des deux parties. Que répondrait le député fonctionnaire salarié, si on lui faisait cette question ? Il est vrai, dirait-il que c'est le ministère qui m'a fait fonctionnaire salarié ; tous ces honneurs, tout ce bien-être dont je suis en possession, c'est à lui que j'en suis redevable. D'un mot il peut me faire surgir à un emploi plus élevé ; d'un autre mot il peut me destituer. Cependant je ne suis pas au service du ministère. — Je vous le demande, à vous prolétaire, qui êtes derrière les banquettes, cette réponse serait-elle de nature à vous rassurer sur l'indépendance de votre représentant ? Nest-ce pas que c'est une législation bien sage et bien digne d'un grand peuple que celle qui exige d'un chétif témoin dans la plus chétive des contestations plus d'indépendance que d'un député de la nation ? Et voyez comme sont contradictoires les arrêts de notre fol honneur, cet autre législateur plus absolu encore que le premier ! Ces mêmes hommes qui, juges d'un tribunal de première instance, se croiraient déshonorés s'ils recevaient un lièvre d'un plaideur, ne se font aucun scrupule de recevoir tous les mois une bourse pleine d'or de ce ministère qui vient tous les jours comparaître sur leurs sellettes ! Et ce sont les oracles de votre système représentatif qui mettent en doute la réforme d'un tel ordre de choses ! Voilà vos capacités ; ces hommes tout d'éclat et de bruit qu'on admire, toute leur intelligence ne leur sert qu'à trouver de fausses, mais trompeuses raisons pour justifier un abus. Faux monnoyeurs de la pensée, ils ont le secret de faire passer pour de l'argent un argument qu'ils blanchissent avec une merveilleuse habileté. Si vous soumettiez une pareille question au peuple ; avec son gros bon sens d'artisan, de manœuvre, de laboureur, il l'aurait bientôt résolue.

Peut-être, Monseigneur, en courant sur ce papier, vous aurais-je sans le vouloir égratigné de ma plume. Si cet accident m'était arrivé, ou plutôt vous était arrivé, je vous prie de l'attribuer non à un désir brutal de troubler vos liesses, ni à une basse envie contre ceux qui sont plus riches et plus heureux que moi, mais aux exigences de la tâche que je me suis imposée. C'est la cause du peuple que je défends. Je n'ai point envie de sacrifier les intérêts de mon obscur et misérable client à de ridicules bienséances envers sa partie adverse. On a dit que le peuple avait ses flatteurs comme les rois ; j'ai vu les flatteurs du peuple jetés dans les prisons et ruinés pár des amendes, j'ai vu au contraire les flatteurs des rois comblés de biens et d'honneurs par leurs maîtres. Aux uns je n'ai point envié leur prospérité ; aux autres j'ai souvent envié leur noble disgrâce. Je ne demande point au peuple ces acclamations qu'il jette au lieu de palmes sur le passage de ses favoris ; qu'une main plébéienne vienne quelquefois presser ma main ; qu'un pauvre ouvrier me reconnaisse dans la foule et me montrant du doigt, dise : lui aussi a défendu nos droits ! — Je serai assez payé de mon travail.

C. TILLIER.

Ce que je vais dire, système, ne vous regarde plus; allez vous mirer dans votre carte d'électeur où vous vous voyez gros comme une maison et laissez nous causer. Ce n'est plus nos adversaires que j'attaque. C'est à nos amis que je réponds. Or ça, mes amis, discutons, sans nous inquiéter de ceux qui nous écoutent; avec vous je suis libre, j'écris sans cérémonie, je n'ai pas besoin d'attifer ma phrase d'une façon coquette; je vais, je cours, je sautille comme un écolier en récréation; je reviens sur mes pas pour cueillir une petite fleur oubliée, et je laisse de côté une grosse betterave pleine de sucre, mais trop lourde pour avoir place en mon sac. J'exprime mes opinions dans toute leur franchise, peut-être dans toute leur incongruité, mais je sais que vous ne vous en scandaliserez pas, nous sommes d'accord sur le principe de la souveraineté du peuple, tâchons s'il se peut de nous mettre d'accord sur l'application.

Vous incriminez mes mendiants; cependant je vous avais fait une belle concession en les astreignant à se faire raser et à mettre une chemise blanche. Cet acte de faiblesse m'a compromis envers certains des n ôtres, aux yeux desquels j'ai comme un faux air d'aristocratie; en effet, toute la question était celle-ci : les mendiants sont-ils des hommes ou sont-ils des animaux? Sont-ils moins encore que des animaux? Est-ce de la boue? Est-ce un excrément du créateur? Si c'est de la boue, il faut en nettoyer nos rues, et c'est à la vérité ce qu'on fait. Si ce sont des animaux, il faut les engraisser et les manger, et c'est ce qu'on fera dans vingt, dans trente, dans cinquante ans, quand cette population qui monte et monte toujours comme les flots du déluge ne pourra plus tenir entre les limites de la France. Si au contraire ce sont des hommes, pourquoi alors ne pas les traiter en hommes ?

Raillerie à part, les mendiants pourraient bien être des hommes. Je serais même tenté de pousser l'audace du sophisme jusqu'à affirmer qu'un mendiant dans sa peau, surtout quand il n'est pas tortillé, qu'il n'est ni bossu, ni aveugle, ni boiteux, vaut bien un bourgeois dans la sienne. Mais quels hommes sont donc les mendiants ? Eh ! mon Dieu, ce sont des hommes qui n'ont pu trouver place au grand festin de l'industrie, des hommes que le fort, qui veut avoir ses coudées franches et qui mange avec un glaive, a fait choir de leur siége, auxquels il a brisé leur écuelle, des hommes dont les fragiles bras n'ont pu lutter avec les bras de fer de vos machines, qui tantôt travaillent comme des géants, et tantôt comme des fées ; des hommes enfin qui payent votre luxe du bonheur de leur vie. Vous, mes amis, qui êtes riches, si on vous confisquait votre profession, vous seriez encore quelque chose, mais moi, si on brisait mon petit martinet, que serais-je ? Un mendiant. Jésus-Christ qui disait à ses apôtres : Allez annoncer à tel homme que j'irai faire la pâque en sa maison, qu'était-il ? Un mendiant. Et ses apôtres auxquels il défendait d'avoir deux habits, deux paires de souliers, de porter de l'argent dans leur ceinture, que voulait-il qu'ils fussent ? Des mendiants. Jean-Jacques Rousseau, avant d'être un sublime écrivain, n'était qu'un mendiant. Et ces rois, quand un choc populaire a renversé leur trône comme un vil tabouret, que sont-ils ? Des mendiants, qui de leur pourpre se sont fait une besace. C'est ainsi qu'en toutes choses les extrêmes se touchent ; de même que la beauté, la grace, la force se résolvent, quand la mort les a touchées de son doigt, en un peu de corruption ; de même toute grandeur déchue, toute opulence tarie se résolvent en mendicité.

Mais, dites-moi, tous les hommes que je viens de nommer ne feraient-ils pas, quoique mendiants, un magnifique collége électoral ? Le sceau dont le malheur marque ses victimes, doit-il être un sceau de réprobation ? Et nous qui proclamons que la richesse n'est pas une prééminence, comment pourrions-nous admettre que la pauvreté est une flétrissure ?

Vous mettez en état de prévention, l'indépendance de mes clients. Soit, mais je n'abandonnerai pas la cause avant qu'elle soit perdue. Voulez-vous prendre des arbitres , voilà le marchand , le négociant voulais-je dire, ce quatrième pouvoir de notre système constitutionnel ; ce roi du trottoir , cet homme qui a commencé par être cornet de poivre et qui est devenu magasin, qui a des louis plein son bonnet à poil, c'est un citoyen bien respectable , n'est-ce pas ? Eh ! bien, soumettons-lui la question. Le mendiant, dit-il, est plus indépendant que moi , il n'a pas à ménager un client riche et gros consommateur, qu'il faut qu'il adore jusque dans la personne de son maître d'hôtel. Et ce fonctionnaire, qu'en pense-t-il ? Il est de l'avis du marchand. A chaque élection, dit-il, le préfet me met sous la gorge un arrêt de destitution, si je ne vote pas selon son désir. Le mendiant ne pourrait être victime de cette extorsion de bulletin. Et vous, fils d'électeur, germe de fonctionnaire, qui grandirez en une nuit, comme la courge du prophète, quel est votre opinion ? Le mendiant, répond-il, n'a rien à espérer du gouvernement, il aimerait mieux , lui , un ulcère postiche que la croix d'honneur ; je suis plus dépendant que lui. Et vous , riche rentier, monceau d'or, escarcelle qui déborde , que décidez-vous ? Moi , dit-il, je pense comme ces messieurs, je dépends d'une multitude de considérations sociales, qui, prises une à une, sont des fils invisibles, mais qui, réunies ensemble, forment une chaîne ; le mendiant, au contraire, ne dépend que de son estomac.

Mais, dites-vous, on séduira votre électeur pour un morceau de pain ; sa voix sera à celui qui lui donnera le plus gros morceau. Mais pourquoi le mendiant achèterait-il ce qu'il a pour rien ? La commisération des bonnes ames est un revenu qui ne peut le tromper ; si votre seuil est inexorable pour lui, si votre chien le mord aux jambes, il va frapper à une autre porte. Quand vous lui avez donné son liard et qu'il vous a remercié par une oraison, il est quitte avec vous, il vit comme le sauvage au milieu de votre société, il n'obéit à personne , il ne craint personne , il n'aime personne, il est, par sa petitesse, insaisissable à la corruption. Quand il s'étale comme un lézard au soleil de la place publique, qu'il broie sous sa dent de requin l'os que vous lui avez jeté, qu'il se repose le long du chemin sur sa besace pleine , il est le plus heureux de tous les hommes. Et ce bonheur, il ne sait à qui il le doit ; son pain quotidien est composé d'une multitude de miettes, qui lui viennent il ne sait d'où. Le mendiant c'est l'homme d'Horace , qui n'admire rien.

Le suisse galonné de la cathédrale, le tambour-major du régiment et le préfet en costume, c'est pour lui la même chose, il ne les estime que pour ce qu'ils valent au creuset. Votre cordon-bleu est le personnage le plus important qu'il connaisse, et votre roquet la puissance qu'il redoute le plus.

Le mendiant est un homme dégradé, dites-vous. Vous vous trompez, c'est un philosophe pratique qui entend bien la vie, il en a retranché toutes les superfluités et l'a réduite au strict nécessaire : c'est l'oraison dominicale en action, c'est l'herbe des champs de l'évangile, qui est chaudement vêtue, qui est bien nourrie et qui ne sait ni coudre ni filer. Le grand philosophe Molière s'étonnait de rencontrer de la probité dans un mendiant, mais le mendiant est celui de tous les hommes qui est dans la meilleure position pour être probe. Je suis sûr qu'on trouve peu de voleurs parmi les mendiants.

Le mendiant ne paye pas de contributions, il arrive franco jusqu'au 31 décembre. Qu'est-ce que cela fait ? Les nobles non plus avant 93 ne payaient pas de contributions, et les prêtres loin d'en payer en recevaient.

On fait arrêter les mendiants. Qu'est-ce que cela fait encore ? Ce sont ceux qui les arrêtent, qui sont des voleurs d'hommes. Voilà-t-il pas un délit bien grave, de tirer le cordon d'une sonnette et de tendre la main à une servante ! Coureurs d'anti-chambre, qui vous faites les sbires de la société, rappelez-vous l'histoire du pirate et d'Alexandre.

Vous croyez que le mendiant vous donnerait sa voix pour un fétu. Mais le mendiant, du moins le mendiant de vieille roche, a une haine d'instinct pour le riche. Allez lui demander son suffrage, il vous répondra ce que vous lui répondez quelquefois : Dieu vous bénisse !

Tout ce que je viens de dire est peut-être exubérant, mais je tenais à réhabiliter le mendiant, car nul ne sait ce qu'il deviendra.

Un conventionnel a dit : Périssent les colonies, plutôt qu'un principe ! Quand je dis : Faisons les mendiants électeurs plutôt que de laisser périr un principe, ai-je plus de tort que ce rigide citoyen ?

Le spirituel biographe du bœuf Lombard m'a demandé pourquoi nous n'admettrions pas les femmes dans les collèges électoraux. La raison en est simple, c'est qu'il n'y a plus d'Amazones, c'est que les femmes sont des enfants qu'il faut éloigner de pêle-mêle du nos assemblées en termes plus graves, c'est que les femmes ne sont pas faites comme nous, qu'elles ont des goûts, des instincts, des passions et des capacités différentes des nôtres.

Sauf quelques grandes et rares exceptions, qui a jamais vu une idée politique se loger sous un bonnet de gaze ? Si cela arrivait, l'idée en grandissant ne ferait-elle pas éclater sa belle, mais fragile enveloppe. Plante-t-on un chêne dans un vase de porcelaine ? Un rossignol qui chante sur un rameau en fleurs pourrait-il entonner la *Marseillaise* ? Croyez-moi, la bouche des femmes est faite pour sourire et non pour discuter ; un argument leur ferait faire la grimace. Si vous apportiez votre urne sur les genoux d'une femme, elle n'y pourrait mettre qu'une feuille de rose. Les femmes sont des fleurs qui ont besoin, pour s'épanouir, du jour amorti des salons et de la douce chaleur du foyer. Un orage politique les effeuillerait. Ne voyez-vous pas que nous gâterions nos femmes en leur donnant nos mœurs, nos habitudes, nos passions et même nos vertus ? N'avez-vous pas remarqué, que le charme le plus doux et le plus puissant des femmes, c'est d'être autres que nous sommes ? Et, dites-moi, vous éprendriez-vous d'une femme en habit à la française, et en pantalon à sous-pieds ? N'avez-vous pas observé encore que cet instinct des contrastes préside à presque toutes les unions, quand elles sont libres ? Que l'homme fort épouse ordinairement une femme faible et le petit homme une femme d'une grande taille ? Je ne sais si vous êtes comme moi, mais si j'étais Apollon, je ne voudrais pas épouser une muse.

Elle est belle la femme qui baise de ses lèvres souriantes un enfant qui lui sourit et qu'elle presse contre son sein ! Vous diriez de ces deux êtres qui ne font plus qu'un, une branche de rosier en fleur. Elle est belle encore la femme lorsqu'elle est penchée sur le lit d'un mourant, comme un ange envoyé de Dieu pour délier adroitement notre ame des chaines de la vie ! je vous accorderai encore si vous le désirez, que les femmes seraient meilleures que les hommes pour exercer des fonctions sacerdotales. Mais vous figurez-vous madame Poutret de Mauchamp à la tribune ? Le bœuf Lombard écoutant gravement dans une loge de l'Opéra, ses deux jambes appuyées sur la banquette, la musique de Rossini, produirait-il un effet plus disgracieux ?

Puis, si vous accordez des droits politiques aux femmes, il faudra leur accorder des droits civils et par extension en accorder aux enfants. Alors chaque ménage sera un petit état constitutionnel où le menu du diner sera voté à la majorité des voix.

Et de l'indemnité proposée pour les députés, qu'en pensez-vous mes amis? n'est-il pas vrai que la plus noble des fonctions dont un citoyen puisse être revêtu, ne doit pas être mise à prix et cotée comme un vieux meuble dans une vente? n'est-ce pas que nous sommes d'accord sur ce point? mais au lieu de salaire, vous voudriez, vous, qu'on allouât une indemnité aux représentants de la nation; vous dites que de cette façon les fonctions de député deviendront accessibles aux hommes de vertu et de capacité assez riches pour mener avec honneur l'existence du chef-lieu, et trop pauvres toutefois pour vivre, et faire remarquer leur existence au milieu du luxe de la capitale.

Une indemnité au lieu de salaire, dites-vous, mais salaire ou indemnité, c'est toujours de l'argent. Inventerez-vous une monnaie particulière pour faire à vos députés leur décompte? Ne voyez-vous pas que, quelqu'effort que vous fassiez pour le cacher, le peuple apercevra toujours le fil d'or auquel sera liée l'indépendance de son représentant? Croyez-moi, épargnez à votre député tout contact avec le ministère des finances, n'enchâssez pas son patriotisme dans un cadre d'argent. Une couronne d'or et une couronne de lauriers ne peuvent tenir sur le même front. Vous m'allez trouver bien romain pour un compatriote de M. Dupin, mais est-ce qu'à Rome les consuls avaient une indemnité de représentation, et les tribuns du peuple des frais de bureau? Et ces grands généraux de 93, ce Hoche qui mangeait dans l'étain, s'inquiétaient-ils quand ils allaient prendre le commandement de leur armée, s'ils percevraient religieusement leur solde. Ils savaient que la ration du soldat ne leur manquerait pas et cela leur suffisait.

Si votre député est à la hauteur de ses fonctions, quel que soit son revenu, il en vivra à Paris comme dans son département; il n'aura pas de voiture, mais sera-t-il deshonoré pour aller comme vont 30 millions de ses concitoyens? Il n'ira pas aux fêtes des ministres, mais il étudiera à son petit foyer les grands intérêts de la nation. Il dinera à 40 sous, mais il se résignera volontiers à cette privation, en se rappelant qu'il y a un grand nombre de citoyens qui ne dinent pas tous les jours. Son luxe et sa magnificence à lui, ce sera sa pauvreté ; il s'en fera une couronne, il rayonnera comme un beau et pur diamant au milieu de toutes les verroteries du ministère. Quand il s'élèvera contre les turpitudes de notre époque, M. Sauzet n'osera point lever sur lui sa sonnette, et sa parole éclatera comme un éclat de tonnerre, d'un bout de la France à l'autre, parce qu'à côté de cette parole il y aura l'autorité de toute une vie. S'il se ruine en défendant nos libertés, s'il ne laisse à son fils qu'une place vide sur sa banquette, eh! bien, nous écrirons sur sa tombe : *Ruiné pour la patrie*, et le peuple français adoptera sa famille.

Mais en voilà assez sur ce sujet, j'ai achevé clopin clopant ma carrière, je me hâte de reprendre mon martinet, car il y a ici de grands enfants qui se conduisent mal, me voyant occupé ailleurs.

C. TILLIER.

FIN.

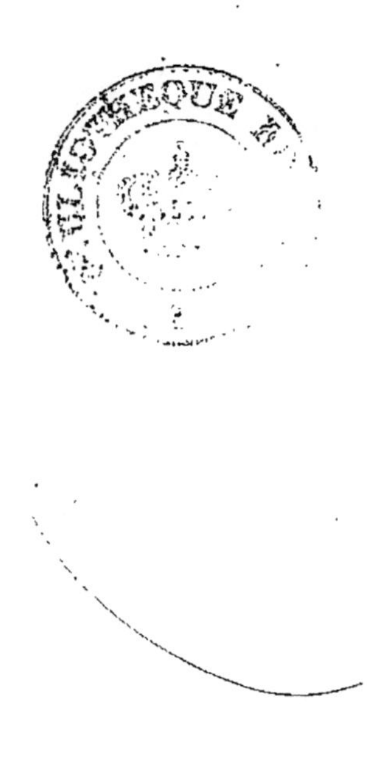